Mis DE SAINT-LÉGIER

L'Argentine Économique

PRÉFACE

de M. le Professeur Pierre DU MAROUSSEM

TEXTE DES LOIS ARGENTINES
SUR LES SOCIÉTÉS ANONYMES

PARIS
J. RUEFF, ÉDITEUR
8, PLACE DU LOUVRE, 8

1913

L'Argentine Économique

Mis DE SAINT-LÉGIER

L'Argentine Économique

PRÉFACE

de M. le Professeur Pierre DU MAROUSSEM

TEXTE DES LOIS ARGENTINES
SUR LES SOCIÉTÉS ANONYMES

PARIS
J. RUEFF, ÉDITEUR
8, PLACE DU LOUVRE, 8

1913

Je tiens ici à remercier chaleureusement M. Jean Desplanque, avocat à la cour d'appel, dont le dévouement m'a été précieux, pour les recherches de documents nécessitées par cette étude.

Mis DE SAINT-LÉGIER

PRÉFACE

Le Docteur Quesnay, fondateur et prophète des *physiocrates*, plaçait l'unique source de richesse dans la culture des champs. S'il avait pu écarter le voile de l'avenir, il aurait certainement montré à ses disciples la réalisation la plus complète de sa doctrine dans cette république Sud-Américaine, dont M. Louis de Saint-Légier nous donne une monographie si documentée et si attachante.

Où trouver, en effet, le chef-d'œuvre de l'agriculture moderne et scientifique, sinon dans ces vastes pampas où 7 260 000 habitants — juste la population de la Belgique — évoluent sur une surface de 2 800 400 kilomètres carrés, soit à peu près l'étendue de la presqu'île européenne moins la Russie? Le cadre, véritablement élyséen, déroule sous nos yeux un panorama de récoltes : blé, maïs, vin, coton, plantes à sucre, que la terre promise n'avait jamais pu espérer, et surtout des troupeaux — des armées — de bœufs, de moutons, de chèvres, à écraser l'imagition des patriarches bibliques. Jamais on n'a porté à un tel point l'art de « régulariser et développer les productions de la nature », suivant la définition la plus prudente qui ait été donnée de la noble fonction des ingénieurs agronomes.

Mais l'admiration de Quesnay aurait été contrebalancée par un désappointement assez vif. Cette « économie nationale » composée de paysans supérieurs, si l'on peut dire, est incomplète. Elle est assise sans doute sur la plus admirable base. Son couronnement monétaire est des plus solides : le rapport de l'or à la circulation fiduciaire y est supérieur à celui de la Banque d'Angleterre. Mais dans l'intervalle, quel abîme béant! Les laines, la viande, le blé, les peaux, le lin, le coton quittent les estuaires et les ports en cargaisons formidables. Les charbons, les machines, les wagons, les tissus, les articles les plus divers d'alimentation même, reviennent à l'état fini, laissant à l'étranger les plus évidents bénéfices. Bien plus, ce grand commerce de va-et-vient est aux mains d'étrangers : anglais, français, allemands, yankees, italiens, espagnols.

Nous sommes en présence d'une « province économique », d'un fragment « d'économies plus fortes », comparable au Portugal, par exemple. Ce n'est pas la « nation indépendante », car être indépendant, c'est pouvoir, en cas de besoin, s'enfermer chez soi, et être capable de vivre sur ses propres richesses, c'est véritablement être riche.

Le grand exemple de la République étoilée a facilement converti à cette notion fondamentale les hommes d'État de la République, des quatorze provinces. Il y a beau temps que l'expérience a cessé de faire considérer

« le travail industriel comme une occupation stérile » — l'idée de Quesnay — et lui a tout au contraire accordé un rôle peut-être exagéré dans la hiérarchie des modes d'activité humaine. Mais l'industrie a besoin de deux éléments primordiaux : la force motrice, âme des travailleurs automatiques, et le *nombre des habitants*, condition du travail intelligent.

Or, ces deux leviers font défaut, jusqu'à nouvel ordre, à la grande République pastorale.

Sans charbon, sans pétrole, sans chutes d'eau, pas d'industrie ! Où se trouve le charbon exploitable? Les gisements que l'on signale sont difficilement utilisables. Jusqu'ici les houillères ouvertes dans le Sud-Amérique n'ont pas atteint un prix de revient qui puisse lutter contre le prix de vente des charbons anglais. Le pétrole est signalé en nappes assez abondantes et assez près de la mer. Il convient d'attendre, si l'on ne veut pas verser dans l'utopie, par excès d'espoir. Les chutes d'eau que l'on déclare supérieures aux chutes du Niagara et du Zambèse sont à deux mille kilomètres des centres qui pourraient en profiter.

La population n'atteint pas encore une densité de 4 habitants par kilomètre carré. Elle est hors d'état de fournir les effectifs réclamés par la caserne industrielle, ni même par l'industrie à domicile. Le gouvernement tente les plus louables efforts pour organiser l'immigration rationnelle. Afin de tirer parti des richesses spontanées, il songe à ajouter de plus en plus, aux Basques, aux Suisses, aux Bavarois, aux Français, aux Anglais, qui, ont recouvert les Andalous de la première conquête, d'autres Français, particulièrement des Bretons et des « Barcelonnettes ». Une nation celtibérienne se formerait ainsi, par opposition à la République Anglo-Saxonne de nom et Celte de réalité, qui domine orgueilleusement l'Amérique du Nord.

C'est dans l'étude du sous-sol et dans la « colonisation scientifique », c'est-à-dire le choix des variétés ethniques appropriées, que se cache l'avenir de l'Argentine (1).

Des moteurs et des hommes! Il a fallu attendre ce signal, sur les bords de l'Hudson, avant de devenir une « économie nationale complète », capable de conquérir et de rayonner. Il faudra l'attendre également sur les rives du Rio de la Plata.

C'est une loi — s'il en existe — de l'évolution historique.

Toutefois, que l'on s'occupe d'abord des hommes.

Dans ce siècle où des théories étroites affirment la souveraineté des « milieux » et des « ambiances », les civilisations vivantes proclament tout au contraire la royauté du génie humain, qui découvre et domine les forces matérielles.

(1) Le peuplement rationnel, pour les régions inhabitées ou les nations à faible natalité, gravite autour de l'étude des *questions agraires*. Nous avons proposé, il y a un an, la création d'un enseignement de ce genre au *Collège de France*, après l'avoir professé, pendant cinq ans, à la Faculté de Droit de l'Université de Paris. Comp. Gabriel Ardant, le *Mouvement agraire* et la *Question agraire*.

Multipliez les colons bien choisis ; tassez les variétés humaines. Elles ne tarderont pas à produire les ingénieurs de génie, qui dégageront les puissances dynamiques cachées sous leurs pieds.

Tout sortira de terre harmonieusement. Le grand peuple sera prêt à venir au monde.

Il faut préparer, mais non devancer artificiellement, l'heure dictée par la nature des choses.

PIERRE DU MAROUSSEM.

INTRODUCTION

Si l'on se livre à une étude sérieuse de l'histoire du placement des capitaux, on est frappé d'un fait que les économistes appellent la diminution progressive des revenus.

Tous les emplois que l'on peut faire de son argent donnent une rémunération qui tend à devenir toujours de plus en plus faible. En présence de ce fait les spécialistes avertis n'ont pas manqué de crier gare.

« Le chef de famille, nous dit M. Alfred Neymark, peut vivre avec un capital sans travailler s'il a une certaine situation ; son fils, vivant dans l'oisiveté avec le même capital, aura une situation moindre ; son petit-fils, dans les mêmes conditions, aura une situation encore amoindrie. »

Quelles sont donc les raisons que l'on peut

donner de ce phénomène ? A première vue, nous en distinguons nettement deux qui nous paraissent essentielles : 1° l'abondance des capitaux disponibles en quête d'emploi, 2° l'absence de création de grandes entreprises nouvelles (1).

La disproportion entre ces deux facteurs existe et il ne viendrait à personne l'idée de la contester. Il est permis de se demander si le mal est sans remède ; nous ne le pensons pas. Certes, la création et la prospérité de grandes entreprises industrielles, témoin le mouvement houiller qui s'est développé en France depuis cinquante ans, furent la base de l'édification de bien des fortunes, quelques-unes colossales.

Mais est-il vrai que l'occasion ne se retrouve plus? Ce n'est évidemment exact qu'en partie.

Il est certain que, si l'on se cantonne dans l'examen de notre vieux monde, ce n'est peut-être qu'au fin fond de la Russie qu'on serait susceptible de trouver quelque initiative intéressante, mais bien aléatoire. Il faut avoir les vues plus larges. La fluidité du capital que

(1) Alf. Neymarck (*Dict. d'Écon. Polit.*).

rien ne rebute lui permet de se demander s'il ne s'est pas laissé endormir par suite du manque d'informations sur des pays plus lointains et plus neufs, où la vigueur des entreprises déjà créées, et le besoin pressant d'en créer de nouvelles se font sentir. Cette étude ne manquera pas en effet de nous montrer quel remarquable essor ont su prendre certains pays.

Tout juste ici sorti de l'enfance, ce merveilleux développement commence à peine là à entrer dans ce que List appelait « la période adulte ».

En arrivant à montrer qu'à cette enfance succédera une jeunesse épanouie et vigoureuse, que cet âge mûr qui débute ne fera que se développer et s'affermir, nous serons bien près d'avoir facilité à nombre de contemporains la tâche si délicate que M. Paul Leroy-Baulieu appelle « l'art de bien gérer sa fortune ».

S'il nous est permis, par des signes que nous essayerons d'analyser de notre mieux, de bien augurer de la prospérité des entreprises qui se créent ou se développent en République Argentine, nous verrons s'ouvrir de nouveaux horizons qui nous montreront des placements sûrs en même temps que très rémunérateurs.

Il est assez difficile de classifier ces signes; nous les baserons néanmoins sur deux sortes d'observations : l'observation interne et l'observation externe. Nous ne nous arrêterons pas à la première, car en effet, soit que nous fassions de la psychologie individuelle, soit que nous essayions d'aborder la psychologie collective, nous ne saurions jamais rencontrer que des principes connus de tous, ne changeant guère de peuple à peuple civilisé, tels que l'intérêt individuel, la loi du moindre effort, le sentiment de solidarité et l'existence d'une conscience collective. Nos recherches porteront au contraire principalement sur la seconde, laquelle peut se définir comme étant l'étude du milieu dans lequel se déroulent les faits que la documentation nous fournira; et il est évident que cela ne manquera pas d'avoir le plus haut intérêt pour nous renseigner sur l'avenir du pays dont nous nous occupons; soit qu'il s'agisse du milieu physique où notre examen nous montrera toutes les influences que le relief du sol peut avoir tant sur les voies de communication que sur le régime des eaux, ainsi que les efforts qui auront déjà été tentés pour mettre en valeur et canaliser les ressources des forces productives; soit qu'il s'agisse de l'étude du sous-sol tant au point de vue de ce qu'il peut fournir en lui-même que de celui des ressources qu'il peut donner ou être appelé à donner à l'agriculture ou aux diverses industries régionales; nous nous demanderons si des points de contact entre la nature et l'homme ne jaillira pas l'essor d'une prospérité jusqu'alors insoupçonnée.

Les Sociétés naissantes, dans leur développement industriel, subissent plutôt qu'elles ne dominent les conditions naturelles. Et quel champ énorme ouvert à leur activité dès que, par l'effet de leur développement économico-social, elles sont en mesure d'avoir sur ces forces une action de plus en plus grande en arrivant même à les modifier et à les transformer complètement; une fois le milieu suffisamment connu, il ne nous restera plus qu'à examiner ce qui a été fait et ce qui reste à faire comparativement aux possibilités que nous aurons pu constater.

L'ARGENTINE ÉCONOMIQUE

CHAPITRE PREMIER

Notions historiques. — Situation géographique (Hydrographie. Climat). — Nature du sol, Prospérité, Fertilité, Richesse. — Immenses espaces vides propres à la culture. Faune. Flore.

Aperçu historique. — Au début du XIXe siècle, l'Espagne possédait encore les colonies qu'elle avait conquises au XVIe siècle, et grâce auxquelles elle avait pendant longtemps joué un rôle prépondérant en Europe.

Les possessions espagnoles, considérable domaine, comprenaient une grande partie de l'Amérique du Nord, toute l'Amérique Centrale et la totalité de l'Amérique du Sud, à l'exception du Brésil qui se trouve être colonie portugaise.

L'Espagne avait divisé son empire colonial en sept gouvernements. Un vice-roi était placé à la tête des plus importants, tandis que les autres se contentaient d'être administrés par un capitaine général. De beaucoup la plus importante des quatre vice-royautés instituées se trouvait incontestablement celle de Buenos-Ayres. Son territoire s'étendant entre l'Océan Atlantique et les Andes correspondait assez exactement à la République Argentine actuelle.

Pendant toute la période que devait durer leur domination, les Espagnols traitèrent l'Argentine en pays conquis. En effet, ils se réservent toutes les fonctions politiques, ils se partagent toutes les terres. Le vice-roi, dont le pouvoir est absolu et discrétionnaire, s'entoure d'un conseil composé exclusivement de membres espagnols, devant lequel il discute ses mesures et prend la plupart de ses décisions. On serait tenté de croire par cela même que la colonie espagnole se trouve tout entière représentée à ce Conseil. Il n'en est rien cependant et seuls, les « chapetones » y figurent. Ce sont les blancs récemment débarqués d'Europe, à l'exclusion des créoles, descendants espa gnols déjà établis dans le pays depuis plusieurs générations déjà.

Le clergé dispose d'une influence considérable, il a un droit de surveillance absolue sur les écoles, un contrôle des plus sévères est exercé par lui sur les livres et sur tous ouvrages qui doivent paraître. Il n'hésite pas à combattre l'hérésie par tous les moyens.

L'instruction est d'ailleurs très peu développée, très peu répandue surtout; bien des créoles ne savent ni lire ni écrire. La plupart d'entre eux se répandent et s'établissent dans les grandes plaines qui entourent Buenos-Ayres et ils mènent là la vie rude et sauvage des bergers. C'étaient et ce sont encore les gauchos.

Physionomie très intéressante et bien caractéristique du pays, on les rencontre encore aujourd'hui. Ils gardent d'immenses troupeaux de bœufs et de moutons, montés sur des chevaux remplis de fougue et de souplesse, ils déploient une habileté qui n'a de supérieure ou d'égale que celle des cow-boys du Far-West.

Les « Blancs » se trouvaient d'ailleurs en nombre assez restreint, la grande majorité de la population se composait d'Indiens qui cultivaient la terre et fournissaient l'élément domestique; l'on rencontrait aussi, cela se conçoit, de nombreux métis résultant du croisement des races.

Au point de vue économique, l'Argentine se trouvait soumise à ce fameux « régime de l'exclusif » qui sévissait alors, non seulement en Espagne, mais dans tous les pays d'Europe. Les colonies doivent recevoir tous les objets manufacturés de la métropole; il leur est défendu de posséder des fabriques, le commerce leur est interdit avec tout autre pays que leurs suzerains et elles ne peuvent avoir de flotte. L'Argentine n'échappa pas à ces prescriptions draconiennes et étroitement « mercantilistes ». Afin de ne pas concurrencer la métropole, en fait l'Espagne, dans l'écoulement de ses propres produits, défense lui était faite de la façon la plus formelle de planter des vignes, de récolter du vin ou de fabriquer de l'eau-de-vie. Il est juste d'ailleurs de remarquer, pour être entièrement de bonne foi, que tous ces durs règlements ne furent pas appliqués à la lettre. La contrebande elle-même ne laissait pas que d'être couramment pratiquée sur les navires étrangers. Le Gouvernement espagnol semble même s'être peu intéressé de sa vice-royauté de Buenos-Ayres et, si l'on veut tant soit peu approfondir la question, le motif de ce désintéressement est assez aisé à trouver.

La conception mercantiliste, en effet, considère comme seule richesse d'un pays l'amas d'or et d'argent, le numéraire qui doit rentrer par tous les moyens. Or, ce qui est souvent bien préférable à une « balance de commerce » même très favorable, est pour un pays la possession de sources naturelles de métaux précieux. En Argentine, l'on n'avait pas découvert de mines! Ce désintéressement fut vrai à tel point que toute une région qui fait partie de l'Argentine moderne, celle qui touche au Paraguay, avait été abandonnée aux Jésuites. Il est juste d'ailleurs de remarquer qu'ils administrèrent le pays avec beaucoup d'intelligence et de sagesse, ils surent créer des œuvres admirables dont il subsiste encore aujourd'hui des vestiges.

Un tel état de choses ne devait et ne pouvait pas durer, la situation allait se modifier brusquement. Les créoles incapables de supporter plus longtemps la situation inférieure qui leur est faite vont être bientôt amenés à se révolter. Il est à penser que l'exemple des colonies anglaises qui datait de quelques années à peine ne fut pas indifférent au mouvement. Napoléon Ier avait imposé comme roi au peuple espagnol son frère Joseph ; ce fut l'occasion du mouvement insurrectionnel. Les créoles s'organisent et, lorsque le roi légitime, Ferdinand, eut repris le pouvoir, ils réclament à son gouvernement nombre de droits dont les principaux sont : la liberté de commerce avec l'étranger et l'attribution de la moitié des fonctions publiques. En présence du refus catégorique qui leur est opposé, la révolte éclate.

Bolivar se met à la tête de l'insurrection. En 1810, 1811, il crée des gouvernements nationaux à Caracas, à Santiago, à Santa-Fé-de-Bogota et à Buenos-Ayres. La guerre, une guerrilla continuelle, devait être de longue durée.

Le sort est d'abord contraire aux insurgés ; les métis pourtant les soutiennent de leur appui important, les Espagnols reconquièrent la presque totalité de leurs anciennes colonies; mais, dès 1817, et pendant les années qui suivirent, grâce à l'appui pécuniaire du gouvernement anglais, de sérieux succès purent être mis au compte des insurgés. Dans leurs rangs combattent de nombreux officiers anglais et français. Bolivar et le général San Martin sont à leur tête. Les circonstances leur sont d'ailleurs favorables. La révolution qui éclate en Espagne et dont le chef est Régio, contribue à leur triomphe définitif. Le gouvernement espagnol, en effet, est obligé pour parer aux événements intérieurs de conserver l'armée qu'il vait l'intention d'envoyer en Argentine et dans les pays du Sud.

En 1823, les Espagnols avaient perdu, non seulement la totalité de l'Amérique du Sud, mais encore l'Amérique Centrale et le Mexique. Nous assistons alors à la création des républiques Sud-Américaines.

Constitution de la République Argentine. — L'immense empire colonial de l'Espagne fut divisé en 15 républiques qui subsistent encore à l'heure actuelle.

La République Argentine fut organisée l'une des premières; appelée aussi « États-Unis de la Plata », elle comprenait la plus grande partie de l'ancienne vice-royauté de Buenos-Ayres. Les débuts du nouvel État accusent nettement des tendances unitaires. En effet, Buenos-Ayres était à cette époque, comme elle l'est du reste encore, la ville de beaucoup la plus instruite et la plus peuplée de la jeune république. Dans ces conditions, la forme unitaire était la seule qui convînt tout naturellement au pays. Les autres provinces au contraire, bien qu'en majorité conservatrices, manifestaient par jalousie pour Buenos-Ayres leur préférence pour l'idée fédéraliste.

La lutte entre unitaires et fédéralistes était appelée à se prolonger durant de longues années.

La dictature de Rosas en est l'épisode le plus marquant. Rosas, chef des bergers de la Pampa, réussit en 1829 à s'emparer de Buenos-Ayres et à se rendre maître du pouvoir; il le conserva jusqu'en 1857, époque à laquelle le général Urquisa mit ses troupes complètement en déroute. La dictature de Rosas marque une des pages les plus sanglantes de la république. Les unitaires sont massacrés en masse et l'on pratique saus vergogne le pillage de leurs biens. Des mesures vexatoires sans nombre sont prises à l'égard des étrangers. Il arriva même que le gouvernement français eut de graves raisons de se plaindre des procédés de l'administration argentine à l'égard de ses nationaux. Il dut en 1838 envoyer une flotte pour bloquer Buenos-Ayres.

Après la chute de Rosas et quoique moins violentes, les émeutes et les révolutions intestines devaient durer encore plusieurs années.

L'on devine sans peine quel retard toutes ces difficultés intérieures apportèrent au développement de la jeune république ! Malgré cela, la population s'accroissait d'une façon constante, les chemins de fer s'étendaient, de jour en jour l'immigration devenait plus intense. Elle faisait malgré tout des progrès véritables.

Depuis 1890, le pays est entré dans une période de calme, aucune secousse révolutionnaire n'a été enregistrée et les Présidents qui se succédèrent au pouvoir, non contents de faire tous leurs efforts pour pacifier les esprits, apportèrent tous leurs soins au développement du commerce et de l'agriculture.

Situation géographique. — Au point de vue du son étendue comme à celui de sa population, la République Argentine est la plus considérable des nations Sud-Américaines après le Brésil.

Sa superficie est en chiffres ronds de 2 950 000 kilomètres carrés, soit environ 5 fois et demie la surface de la France (1). Si nous comparons en effet quelques pays d'Europe, nous trouvons que la France mesure 536 408 kilomètres carrés, l'Espagne 504 554 kilomètres carrés, l'Angleterre 314 339 kilomètres carrés, l'Italie 286 682 kilomètres carrés, l'Allemagne 540 743 kilomètres carrés, l'Autriche-Hongrie 676 628 kilomètres carrés ; l'Argentine est supérieure à l'étendue de tous ces pays réunis (2) ; le total de leurs dimensions respectives donnant 2 859 354 kilomètres carrés.

Affectant la forme d'un triangle allongé, l'Argentine est bornée au Nord par la Bolivie,

(1) *Larousse* (juin 1912).
(2) J. HURET, p. 109.

le Paraguay et le Brésil; à l'Est, par le Brésil, l'Uruguay et l'Océan Atlantique; au Sud, par l'Océan glacial Antarctique; à l'Ouest, par le Chili. Elle est donc située presque tout entière dans la zone tempérée du Sud, exactement entre le 21° 40″ et 54° 25″ de latitude Sud, elle s'étend en longitude du 52° au 74° Ouest de Greenwich; elle occupe donc des Andes à l'Atlantique une position climatérologique des plus heureuses. Sa longueur maxima est de 3 700 kilomètres, sa plus grande largeur entre la frontière du Brésil et celle du Chili est de près de 1 700 kilomètres. La distance relativement considérable qu'elle occupe du Nord au Sud nous explique les variations de température de son climat.

Climat. Température. — Au Nord, à Salta, sous le 25° de latitude Sud, on observe des températures de + 45°, tandis que dans les gouvernements du Sud, dans le Chubut et dans la Terre de Feu, placés entre le 45° et le 55° de latitude Sud, le thermomètre descend souvent à — 20°. Dans la zone centrale ou pampéenne, de beaucoup la plus intéressante et la plus importante, qui s'étend des Andes au littoral du Paraná et de l'Atlantique, le climat est remarquablement doux et peut être comparé à celui de Nice ou de Cannes.

Le sol et ses richesses. — La diversité des climats que l'on rencontre dans l'Argentine explique la variété infinie des plantations. A ce point de vue, le pays peut être divisé en quatre zones (1).

Première région, zone du Nord. — Cette zone comprend les territoires de Misiones, Formosa et Chaco, les provinces de Corrientès, Santiago-des-Estero, Catamarca, Tucuman, Salta, Jujuy et le territoire des Andes. L'on y rencontre de très vastes plantations de cannes à sucre dont la culture a merveilleusement prospéré, ainsi que des forêts naturelles où abondent le quebracho et le cèdre. Le blé, le maïs, le tabac, le coton, le riz et le jute y poussent facilement et abondamment. L'élevage y est également prospère, particulièrement celui des bœufs, brebis, chevaux, mulets et ânes.

(1) WALLE. *Division de l'Argentine telle qu'elle est.*

Deuxième région, zone de l'Ouest. — Dans cette zone, nous comprendrons les provinces de la Rioja, San-Juan, Mendoza et San-Luiz. Aux alentours de Mendoza, sur les confins du Chili, la culture de la vigne ainsi que celle des fruits sont en pleine prospérité et semblent devoir acquérir un grand développement; on peut leur prédire un grand avenir. Les céréales et la luzerne en sont également une des richesses et il est incontestable que leur culture ne fera que s'accroître grâce à l'extension et aux perfectionnements de plus en plus grands du système d'irrigations.

Troisième région, zone du Centre. — Cette zone renferme les provinces de Cordoba, Santa-Fé, Entre-Rios, Buenos-Ayres et le territoire de la Pampa Centrale. Les céréales s'y rencontrent abondamment, en particulier, le blé, le lin et le maïs. C'est aussi la région qui convient le mieux à l'élevage. Notons cependant à ce sujet la tendance de plus en plus grande à prendre pour la culture, des terrains d'immense étendue qui n'étaient jusqu'ici employés que pour l'élevage.

Quatrième région, zone du Sud. — Celle-ci

nous donnera les territoires de Rio-Negro, Neuquen, Chubut, Santa-Cruz et la Terre-de-Feu ou Patagonie. Dans cette région la culture n'est guère possible en raison de la rigueur des saisons et de l'intensité du froid ; on commence cependant à y élever des arbres fruitiers dans les vallées andines qui sont très fertiles. A part cela, l'élevage des bœufs, des moutons et des chevaux y retient presque toute l'activité de l'homme (1).

Topographie. — L'Argentine est avant tout une vaste plaine qui s'étend de l'Atlantique au pied de la chaîne des Andes sur une longueur de 1000 kilomètres. Mendoza, située au pied de la montagne, n'est en effet qu'à 720 mètres d'altitude.

L'immense étendue de terre comprise entre cette ville et l'embouchure du Rio de la Plata ne laisse pas cependant que d'être quelque peu accidentée. En laissant de côté la magnifique chaîne des Andes, qui longe le littoral du Pacifique et dont certains sommets comptent

(1) Huret, p. 109 et suiv.

parmi les plus élevés du globe terrestre, l'on rencontre dans l'intérieur même des terres des avant-chaînes ayant la même direction que la principale ; cela en particulier dans la région du Nord, à l'est du Grand Chaco, du côté de Jujuy, Salta, Tucuman et Cordoba. L'altitude moyenne de ces contreforts varie entre 2000 et 3000 mètres ; les principales sont les chaînes d'Ancasti, d'Ambato et de Zeuti dans la province de Tucuman ; celles de Cordoba dans la province du même nom sont réputées pour leur station sanitaire ; celles de Don Carlos et de Serma dans la province de Salta. Ces chaînes offrent l'avantage d'être les réservoirs des grandes pluies de l'Est et contribuent ainsi à fertiliser les régions avoisinantes, elles sont très verdoyantes et de plus en plus fréquentées par les touristes. Ces ramifications des Andes sont riches en mines.

Mines. — L'or, l'argent, le cuivre, le plomb, le fer, l'étain, s'y trouvent en abondance ; le borate, le mercure, l'antimoine, les huiles minérales et le pétrole s'y rencontrent ; l'on y exploite déjà des carrières de marbre, de quartz, de cristal de roche, de jaspe et de chaux. Un certain nombre de concessions ont été accordées par le Gouvernement, le manque de capitaux seul explique pourquoi elles ne sont pas plus nombreuses.

La monotonie de la plaine argentine est quelquefois agréablement rompue par des collines dont quelques-unes sont relativement élevées. Les plus importantes constituent la Sierra de la Ventana, au sud-ouest de Buenos-Ayres, dont l'altitude moyenne varie entre 900 et 1 000 mètres, et le massif situé dans la province d'Entre-Rio entre les fleuves Uruguay et Parana.

Hydrographie. — La République possède dans sa région de l'Est de très beaux fleuves navigables, dont les principaux sont l'Uruguay et le Parana. L'Uruguay prend naissance dans la Sierra Géral, son cours mesure 1 500 kilomètres. Il est orienté d'abord ouest-est, puis nord-est-sud-ouest ; après avoir obliqué au sud-est, il se jette dans le magnifique estuaire du Rio de la Plata qu'il aborde par la rive gauche.

Dans la plus grande partie de son cours, il

sert de frontière entre l'Uruguay et la République Argentine. Il est navigable pour les gros navires jusqu'à plusieurs centaines de kilomètres de son embouchure ; de ce fait, il présente un intérêt économique considérable.

Le Parana est un des plus longs fleuves du monde, il n'a pas moins de 4700 kilomètres; il prend sa source dans le Brésil où il est formé par la réunion du Rio Grande et de la Prana Hyba; son cours sert de limite à la République Argentine et au Paraguay, il entre en Argentine à Corrientès où il reçoit un affluent aussi considérable que lui, le Paraguay. A partir de Corrientès, il se dirige vers le Sud et, après avoir baigné Parana et Rosario, il se réunit à l'Uruguay pour former le Rio de la Plata.

Le Paraguay, principal affluent du Parana, prend naissance dans les montagnes du Mato Grassa; il arrose le Brésil, la Bolivie, le Paraguay et l'Argentine, servant de frontière à ces deux derniers pays sur une longueur de 250 kilomètres environ. Pour se rendre compte de l'importance commerciale du Paraguay, il suffit de considérer que de grands vapeurs fluviaux peuvent le remonter aisément jusqu'à ses sources.

C'est un véritable chemin qui marche. Ses principaux affluents, en territoire argentin, sont le Pilcomayo et le Rio Bermeje, qui naissent en Bolivie; malheureusement, ces deux rivières si abondantes sur les plateaux qui séparent l'Argentine de la Bolivie s'épuisent dans le Chaco (1).

Parmi les grands fleuves du pays, citons encore l'Iguazu, dont les cataractes peuvent compter parmi les plus célèbres du monde; situées sur le territoire de Missiones, elles constituent l'un des spectacles les plus merveilleux auxquels il puisse être donné d'assister. L'Iguazu prend sa source dans la Serra de Mar, massif montagneux situé à quelques kilomètres seulement de l'Atlantique; ce fleuve traverse la province brésilienne de Parana où il reçoit de nombreux affluents. Non loin de son confluent avec le Haut Parana l'Iguazu, qui n'a pas moins de 4 kilomètres de largeur,

(1) *Larousse mensuel* (juin 1912).

tombe à pic de 70 mètres de hauteur. Ce formidable saut est précédé et suivi de plusieurs autres plus ou moins considérables. Les deux rives du fleuve, argentine et brésilienne, sont bordées de magnifiques falaises de plus de 100 mètres de hauteur formées de basaltes bruns où pousse une végétation des plus variées ; une île verdoyante occupe le milieu du fleuve et divise en deux cette énorme chute formant ainsi les chutes brésiliennes et les chutes argentines; le volume des eaux est plus considérable dans les premières que dans les secondes. Les chutes de l'Iguazu peuvent être comparées à celles pourtant si renommées du Niagara ; ces dernières, en effet, ne se précipitent que d'une hauteur de 48m,80; leur largeur est cependant de plus du double, leur volume d'eau de 60 p. 100 supérieur. Elles dépassent également en volume et en largeur les fameuses Victoria falls du Zambèse, qui restent cependant plus élevées.

Les touristes qui vont visiter cette merveille du monde se font chaque année plus nombreux ; l'excursion de Buenos-Ayres à l'Iguazu se fait facilement par la voie ferrée jusqu'à Posadas, puis par le Parana de Posadas à Puerto-Aguirre, grâce à un service de vapeurs.

Si l'on considère que ces magnifiques chutes représentent une force qu'il est possible d'évaluer à près de un million de chevaux et qu'il n'est pas impossible qu'elles soient un jour utilisées au point de vue industriel, quel merveilleux essor toute la région n'est-elle pas en droit d'attendre ! Les chemins de fer de Missiones et de Corrientes y puiseraient leur force motrice, l'exploitation du bois, ses besoins mécaniques et elle fournirait la lumière sur un rayon de plusieurs centaines de kilomètres.

Dans la Pampa, au contraire, il n'existe aucun fleuve comparable à ceux que nous venons d'étudier et cela tient à ce que les pluies y sont très rares. La Pampa constitue en réalité une dépression dont la partie inférieure est occupée par les grandes lagunes Parougos et Mar-Chiquita. De même que l'aspect général de cette contrée rappelle celui du nord de l'Afrique, ses cours d'eau en rappellent les oueds. Les plus importants sont le Dulce, qui prend naissance dans les monts de l'Aconquija et se jette dans la lagune Parougos, les rios Premero et Segundo qui viennent des montagnes de la Cordoba et se perdent dans la Mar Chiquita.

Régime des pluies. — Les pluies sont rares dans la Pampa tandis que Cordoba à 438 mètres d'altitude en reçoit 666 millimètres par an ; ce chiffre n'est plus que de 450 en moyenne à Bahia-Blanca et certaines parties du Centre en reçoivent moins de 250 millimètres. Il existe, il est vrai, des nappes souterraines considérables dont l'agriculture est appelée à tirer profit. La région de Buenos-Ayres serait la plus favorisée au point de vue des pluies avec 8 à 900 millimètres annuellement. Dans les régions du Sud, en Patagonie, les pluies sont au contraire beaucoup plus fréquentes ; il est à remarquer du reste que plus on descend vers le Sud, plus le pays jouit du climat maritime, car il va en s'effilant du Nord au Sud ; les rivières y sont, par conséquent, plus importantes ; les bassins principaux sont ceux du Rio Colorado et du Rio Négro.

Le Rio Colorado naît dans les Andes et reçoit un grand nombre d'affluents, tels que : le Salado, le Chadilenon et le Curico. Après avoir traversé la Pampa de l'Est à l'Ouest, il se jette dans l'Atlantique un peu au sud de Bahia Blanca. Le bassin du Rio Colorado renferme plusieurs lacs dont le principal est le lac Bebedero dans la province de San-Luiz. Le bassin du Rio Negro présente les mêmes caractères; de nombreux lacs s'y rencontrent, parmi lesquels, ceux de Cabiahue, de Moquehue, de Tromen et de Lolog. Le Rio Negro lui-même est formé par la réunion du Mimay et du Neuquen. Après avoir traversé toute la Pampa de l'Ouest à l'Est, il débouche dans l'Atlantique au sud du Colorado. Toute cette région convient admirablement à l'élevage, alors que l'avenir de la Pampa est surtout dans la culture. Il est également intéressant de jeter un coup d'œil rapide sur les côtes de la République. Celles qui bordent l'Atlantique ont un développement de 2600 kilomètres, y compris l'estuaire de la Plata. Leur heureuse disposition, l'existence de baies profondes et bien abritées ont permis la construction de nombreux ports; les plus importants sont ceux de la Plata, de Buenos-Ayres, de Rosario, de

Bahia-Blanca. Les deux premiers sont situés sur le Rio de la Plata, le troisième sur le Parana et le dernier sur l'Océan Atlantique. En présence du développement du commerce, il a été nécessaire de procéder dans chacun de ces ports à des agrandissements considérables qui se trouvent être malgré tout insuffisants aujourd'hui. Notons également en passant les ports de Conception, Concordia, Monte Caseros, sur l'Uruguay, de San Nicolas, Tarate, Campana, Santa-Fé, Le Paz, Parana, Corrientès. Barranqueras, Pasadas, sur le Parana ; d'Inar-del-Plata, de Puerto-Belgrano, de Carmen-de-Patagones, San-Antonio, de Roca, de Santa-Cruz, de Gallegros, de Ushuaia, sur le Parana. Inar-del-Plata et Puerto-Belgrano sont les seuls qui présentent quelque importance, les autres ne sont guère que des rades qui servent de débouchés aux estancias de l'intérieur, mais il est bien certain que leur trafic est appelé à augmenter dans un avenir très proche, lorsque la culture et l'élevage auront pris dans l'hinterland un essor plus considérable. A l'heure présente, ce sont du reste les ports fluviaux qui jouent un rôle actif dans la vie du pays, ce qui s'explique par la richesse et la fertilité mêmes des pays qu'ils desservent (1).

Nature du sol. Fertilité. — D'après l'étude succincte que nous venons de faire, nous voyons que d'une façon générale l'Argentine possède un climat des plus cléments, une terre extrêmement fertile et un domaine cultivable immense. Sans doute toutes les régions ne sont pas également bien partagées. Dans l'extrême Nord, sur les confins de la Bolivie, dans le Gouvernement du Grand-Chaco, il y a des terres que leur nature condamne à rester à jamais improductives. Il en est de même de certaines régions de l'extrême Sud, mais ce sont là des exceptions que l'on constate dans tous les pays; la vérité est que l'Argentine est une des contrées les plus riches du monde et qu'elle est sans aucun doute appelée à un immense avenir au double point de vue de l'élevage et de la culture.

Grâce au climat merveilleux de toute la zone

(1) WALLE. *L'Argentine telle qu'elle est*, p. 70 et suiv.

littorale de l'Océan et de la Pampa Centrale, comparable au climat de notre Provence, le blé, le lin, le maïs, et l'avoine, dans certains districts, réussissent d'une façon parfaite et, en dehors du climat, il est juste d'ajouter que la qualité exceptionnelle de la terre contribue à cette réussite, car, en effet, la couche d'humus y est considérable et atteint parfois 50 à 80 centimètres. Le rendement à l'hectare est satisfaisant, mais il pourrait être beaucoup plus important et il n'y a aucune raison à ce qu'il n'arrive à égaler ce que l'on obtient en Angleterre, en France et en Allemagne ; il suffirait d'avoir recours, comme dans ces pays, à la culture intensive, à l'emploi des engrais. Jusqu'ici, la terre fournit sans fatigue les récoltes, la main-d'œuvre est rare et l'on a devant soi d'immenses espaces vides encore incultes ; pourquoi alors faire des frais inutiles? Mais le jour où l'on appliquera les mêmes méthodes qu'en Europe, le jour où l'on aura mis en valeur toutes les terres, l'Argentine deviendra pour les céréales et pour l'élevage le premier marché du globe.

Quelques chiffres appuieront du reste cette affirmation : d'après les statistiques les plus récentes, il y a en Argentine 104300000 hectares de terres labourables susceptibles d'être mises immédiatement en culture; sur ces 104300000 hectares, 20368000 sont exploités. La proportion n'est donc même pas d'un cinquième, bien que de considérables progrès aient été réalisés pendant ces dernières années. En effet, en 1872, il n'y avait pas plus de 580000 hectares de cultures, en 1895, 4892004 hectares, en 1905, 12000000 d'hectares. Ce que nous voyons pour la culture peut se répéter pour l'élevage; aucun pays au monde ne possède à ce point de vue des terres aussi vastes, aussi riches et propres à alimenter de meilleures espèces fourragères. Grâce à la douceur du climat, l'élevage et l'engraissement des troupeaux peuvent se faire en plein air sans qu'il soit nécessaire de les rentrer à l'étable ou sous des abris artificiels et sans qu'il soit besoin de les nourrir autrement que de fourrage naturel. Ici encore, les résultats pourraient être de beaucoup supérieurs. La valeur du bétail, d'après les dernières statistiques officielles publiées en 1908, se chiffre à 3258820935 fr., en chiffres ronds 3260 millions

Or, il est certain qu'en raison des immenses étendues incultes qui pourraient être affectées à l'élevage, le nombre des têtes pourrait être considérablement augmenté tant dans la race bovine que dans la race ovine et porcine. Il en résulterait un développement considérable dans l'industrie de l'élevage ; l'exportation du bétail sur pied et de la viande congelée prendrait en conséquence un essor beaucoup plus grand. Il serait de toute nécessité d'augmenter la culture des plantes fourragères et en particulier de la luzerne.

La canne à sucre est cultivée dans les provinces du Nord, principalement dans celle de Tucuman ; elle constitue une culture très rémunératrice; l'orge et l'avoine se rencontrent dans les mêmes régions que le blé ; l'avoine a donné depuis quelque temps un rendement considérable.

La culture du coton prend un développement de plus en plus grand dans la province de Corrientès et les territoires du Chaco, de Formosa et Misiones, elle paraît appelée à une grande réussite, ce que l'on peut dire du reste de certaines cultures indigènes telles que le khaguar, le haraguala, le palma harandy, qui fournissent des fibres appréciées,

Les vignobles sont nombreux dans les provinces de Mendoza, San-Juan, La Rioja, Catamarca, Salta, San-Luiz, Entre-Rios et Cordoba. Le rendement à l'hectare donne une moyenne de 60 hectolitres. En 1890, il a été récolté plus de 3 900 000 hectolitres d'un vin d'excellente qualité. Dans les mêmes provinces, et particulièrement celle de Mendoza, on s'est mis depuis quelques années à cultiver les fruits et de véritables fortunes ont déjà pu se réaliser.

Le domaine forestier est particulièrement étendu dans les provinces du Nord ; sa superficie est estimée à 385 000 kilomètres carrés. Les essences dominantes sont le quebracho, dont le bois rend d'inappréciables services dans l'industrie du cuir, le palissandre, le bois de rose, le palmier rouge, le santal, le cèdre, le lapacho, le tipa, etc...

Il n'est pas contestable qu'avec le développement de l'immigration, l'afflux des capitaux, la création de nouveaux débouchés, toutes ces cultures et tous ces produits ne soient appelés à prendre une extension considérable. L'un des facteurs qui contribuera le plus à ce résultat se trouve être l'utilisation des cours d'eau au point de vue de l'irrigation. Depuis quelques années, il a été édifié et l'on édifie, notamment dans la province de Cordoba, d'énormes ouvrages hydrauliques; cela facilitera la consécration à l'agriculture de bien des espaces encore inemployés, la terre se valeurisera de plus en plus.

Une autre source de richesse que l'on ne peut passer sous silence, sont les mines. L'existence de nombreux gisements a été démontrée sur toute l'étendue des versants orientaux de la Cordillère. Ils sont surtout nombreux dans la province de Mendoza (cuivre, argent, quartz aurifère, pétrole, charbon, albâtre, ardoise, marbre), de la Rioja (argent, antimoine, cuivre), de Catamarca (cuivre, argent, bismuth, antimoine).

Un avenir des plus brillants semble être réservé à cette branche de l'activité, d'autant plus que la législation minière est très libérale et le climat des districts miniers des plus salubres.

Faune. Flore. — Le gibier est extrêmement abondant en République Argentine; en outre des races d'animaux européens, telles que le lièvre, le lapin et la perdrix qui présentent des variétés infinies, on y trouve des races spéciales au pays ; entre autres, l'autruche, un peu moins grande que celle de l'Afrique du Sud et dont le plumage est plus gris et plus clair; le flamand, l'outarde grise, le churrinche, qui est à peu près de la taille d'un moineau avec la tête et la gorge d'un rouge écarlate, le reste du corps noir; le ciseau, ainsi dénommé à cause de sa queue fendue; la vinda blanche, avec le bout des ailes bordé de noir; le lessatero, dont l'aspect rappelle l'alouette; le bien te-veo, oiseau chanteur, jaune verdâtre, orné d'un bec noir très court; l'oiseau mouche dont une variété particulièrement appréciée a le corps vert tacheté d'or et la queue écarlate se terminant par deux touffes de plumes.

Les poissons sont de même espèce que ceux d'Europe, mais il en est, principalement dans la rivière Uruguay, qui atteignent une taille énorme.

Les serpents ne se trouvent guère que dans

les provinces du Nord, les plus gros sont les boas constrictors. L'espèce la plus dangereuse des serpents est la *vibora* de la Cruz.

Le jaguar et le puma ont presque complètement disparu. Le guanaco, sorte de lama, est devenu très rare et on ne le trouve plus guère que dans les parties les plus désolées des Andes du Sud.

Un rongeur spécial à l'Amérique du Sud est le carpincho, qui se rencontre surtout dans les lagunes; sa taille est celle d'un gros chien, il a la peau lisse et est dépourvu de queue. La nutria a l'aspect d'un gros rat dont les pattes de derrière seraient palmées. Citons encore le vizcacha, chien sauvage des prairies qui devient de plus en plus rare, le tatou, le putois, l'opossum gris à la queue noire, l'iguane, qui se sert de sa queue comme d'un marteau pour écraser les œufs de poule.

CHAPITRE II

Produits principaux. — Élevage. — Agriculture.

Il n'y a pas de très longues années encore, les bœufs, les chevaux et les moutons vivaient en liberté dans la Pampa; les immenses troupeaux qu'ils formaient étaient composés d'animaux appartenant à divers propriétaires; afin de les reconnaître, ceux-ci employaient le procédé de la marque, qui consistait à marquer chaque animal du chiffre de son possesseur dans l'oreille au fer rouge. Malgré cette précaution, bien des unités se perdaient, les éleveurs, du reste, abandonnaient leurs troupeaux dans un dénuement absolu. Soumis à ce régime, les bêtes redevenaient rapidement à l'état sauvage et ce n'était guère qu'à l'époque des rassemblements ou radéos qu'elles prenaient véritablement contact avec l'homme.

Dans un pays aussi peu habité que l'était

l'Argentine à cette époque, les animaux étaient surtout recherchés pour leurs peaux. Les gauchos se chargeaient de leur donner la chasse. Ils se servaient pour les capturer du lasso ou du bolas, qui se compose de trois boules de bois, de pierre ou de plomb reliées entre elles par une courroie de cuir et que le gaucho projetait entre les jambes de l'animal. La bête abattue, sa peau était expédiée en Europe et, la plupart du temps, le reste de son corps abandonné aux oiseaux de proie. Dans les régions voisines du littoral, la viande était transportée dans des usines spéciales ou saladeros, elle était alors séchée et salée et envoyée pour les besoins de la consommation au Brésil ou dans les Antilles.

La laine des moutons n'était employée par les indigènes qu'en faible mesure, mais on se servait des os des animaux tués pour la fabrication de la chaux ou le chauffage des fours à briques. Tout ceci remonte déjà à quelques années et les progrès qui ont été réalisés depuis sont considérables; sauf dans les provinces lointaines, le bétail ne vit plus en liberté, toutes les prairies sont clôturées et les propriétaires cherchent de plus en plus à être possesseurs d'animaux maniables et apprivoisés; ils obtiennent ces résultats en leur donnant du sel et en leur construisant dans la prairie des abreuvoirs et des abris. Les méthodes se sont totalement transformées et l'élevage est aujourd'hui une véritable industrie, peu de pays même ont atteint dans cet ordre d'idées un tel degré de perfection. Les raisons qui permettent d'expliquer ce développement de l'élevage et qui font si bien augurer des progrès futurs, sont toutes naturelles; la douceur du climat en est une des meilleures, car il permet au bétail de s'élever et de s'engraisser en plein champ et exclusivement avec des fourrages naturels. L'immense étendue de terre favorable en est une autre qui a sa valeur. A ces causes, doivent cependant s'ajouter l'esprit d'initiative et l'intelligence des propriétaires des estencias qui n'ont pas hésité d'avoir recours aux méthodes rationnelles afin d'augmenter leurs revenus; ils ont sans aucun doute utilisé le pré naturel, mais, depuis une vingtaine d'années, ils créent de magnifiques prairies artificielles de luzerne.

Ces luzernières, à la condition d'avoir été bien semées et bien entretenues pendant quelques saisons, cèdent la place en disparaissant à d'excellents pâturages qui se constituent d'eux-mêmes, grâce au séjour des animaux et à l'engrais naturel.

La superficie des terrains utilisés pour l'élevage peut s'estimer à l'heure actuelle à 96 millions d'hectares en chiffres ronds, qui sont divisés en propriétés dont l'étendue est essentiellement variable. Dans les provinces centrales, elle oscille entre 1 et 5 lieues carrées, tandis que, dans les provinces du Sud, certaines concessions atteignent jusqu'à 40 et même 50 lieues. Les terres ne sont d'ailleurs pas également riches, les provinces les plus favorisées sont celles de Buenos-Ayres, Entre-Rio et, en partie, celles de Cordoba et San-Luis qui peuvent alimenter en moyenne de 3 à 12 moutons à l'hectare, tandis que cette proportion est réduite de 1 à 3 dans les territoires de la Pampa, Santa-Cruz, Rio-Negro, Neuquen et Chubut, situées plus au Sud.

Quelques chiffres, empruntés à M. Jules

Huret (1), nous montreront combien sont différents au point de vue de l'étendue les établissements rencontrés en Argentine et ceux que nos plus grands propriétaires peuvent posséder en Europe.

Mme Concepcion Unzue de Casares possède dans ses estancias de Huetel, province de Buenos-Ayres, 67 500 hectares où l'on élève 60 000 moutons, 35 000 bêtes à cornes et 5 000 chevaux. Sa sœur, Mme Unzue de Alvear, est propriétaire dans son estancia San Jacito de 63 000 hectares dont 38 000 réservés à l'élevage; on y élève 35 000 bêtes à cornes, métissées de Durham, 30 000 moutons Lincoln et 10 000 chevaux dont 2 000 percherons. MM. Santa Marina, qui sont à la tête de plusieurs établissements, situés pour la plupart dans la province de Buenos-Ayres, n'ont pas moins de 95 000 bêtes à cornes, 370 000 moutons et 15 000 chevaux.

Les chiffres officiels (2) les plus récents sont ceux de 1912 et se réfèrent à l'année 1911. Ils nous donnent 33 484 188 têtes de la race

(1) *De Buenos-Ayres au Grand-Chaco*, p. 131 et suiv.
(2) GARZON, p. 109.

bovine valant 2 377 377 348 francs; 1 824 550 têtes de la race porcine, valant 45 613 750 francs; 77 303 507 têtes de la race ovine, représentant une valeur de 773 035 170 francs. Pour les espèces chevalines, asines et caprines, les chiffres de 1908 nous renseignent; à cette époque, l'espèce chevaline représentait une valeur de 452 819 035 francs, les mules et les mulets de 49 634 365 francs ; les ânes de 6 280 890 francs; les chèvres de 18 308 045 francs.

Aucune théorie ne saurait être plus brutale et plus démonstrative que celle des chiffres et ils nous montrent les progrès considérables accomplis depuis le recensement de 1895; en effet, si nous comparons la race bovine en 1895 et en 1911, nous constatons que la valeur des bœufs en 1895 était de 1 114 212 325 francs; elle a plus que doublé, puisque le chiffre que nous donnons plus haut est de 2 377 377 348 francs. La progression est encore plus considérable pour la race chevaline : en 1895, la valeur des têtes était de 127 482 035 francs, elle est en 1908 de 452 819 035 francs; et cela sans parler de la grande amélioration du type de bétail argentin et des animaux domestiques en général. Les bœufs indigènes, qui présentaient un type osseux, nerveux et à longues cornes, sont remplacés aujourd'hui par des bêtes à cornes courtes et à belle robe. Les principales races qui ont été introduites dans le pays sont les races anglaises de Durham, d'Hereford et l'Angus. La race Durham est de toutes la préférée. Les propriétaires argentins se fournissent de reproducteurs presque exclusivement anglais. Il en est résulté une amélioration notable de la race indigène qui se traduit par une augmentation de la quantité de viande et l'Angleterre est devenue, par une juste réciprocité, une excellente cliente pour l'Argentine. Cette introduction en Angleterre des viandes frigorifiées de l'Amérique du Sud a eu pour conséquence de permettre à la classe pauvre de s'en procurer à bon compte et la viande anglaise réservée à la classe riche n'a nullement souffert de cette concurrence, puisqu'elle a même vu son prix s'élever (1).

Depuis quelques années, plusieurs propriétaires argentins viennent acheter chez nous

(1) Huret, p. 143 et suiv.

des vaches charolaises qu'ils paient jusqu'à 4000 francs la tête, alors que leur prix courant en France est de 1000 francs. Il y a là certainement une indication pour nos éleveurs français et il semble qu'ils pourraient trouver un débouché intéressant pour nos produits de races normandes, qui sont très supérieurs au point de vue de la production du lait aux races anglaises, et pour nos races charolaises et limousines qui donnent une viande beaucoup plus ferme que les Durham.

Les moutons, qui paraissent prospérer le mieux dans les districts méridionaux de la province de Buenos-Ayres, ont été dans ces dernières années l'objet de soins intelligents. L'ancien mouton sauvage des Pampas, d'une maigreur déconcertante, a été considérablement amélioré par l'introduction des races Lincoln, Rambouillet et Hampshire Down. Cet élevage paraît appelé à un très grand avenir, principalement dans les provinces patagoniennes où les terres se vendent encore à très bon compte. L'étude des moutons est un acheminement direct vers celle des chèvres. Celles-ci sont surtout recherchées pour leurs peaux. Cet élevage a été jusqu'à ce jour assez négligé et, dans cette voie, de grands progrès restent encore à réaliser. Il paraît évident que l'on aurait toutes les chances d'améliorer singulièrement la race caprine argentine par l'introduction d'espèces européennes. L'élevage des troupeaux de chèvres réussit le mieux dans les provinces du Nord, dans les Andes et dans le Chaco et c'est évidemment dans ces régions que l'on pourrait chercher à le développer avec le plus de chances de succès (1).

De grands progrès ont été réalisés dans l'amélioration de la race chevaline. Les 8 millions de chevaux que l'on trouve aujourd'hui en Argentine sont les descendants des 72 chevaux et juments que Pedro de Mendoza amena d'Espagne en 1536. Lâchés à travers les Pampas en pleine liberté, ces animaux ne tardèrent pas à se multiplier dans d'énormes proportions. L'amélioration de leur race était cependant bien nécessaire; les éleveurs y sont rapidement parvenus par l'importation d'éta-

(1) WALLE, p. 142.

lons. Le cheval argentin s'est complètement transformé; ses oreilles se sont raccourcies, ses jambes, ses épaules se sont améliorées, son garrot s'est courbé; leurs propriétaires du reste ne reculent devant aucun sacrifice pécuniaire pour se procurer les étalons de leur choix. C'est ainsi qu'il y a quelques années, M. Correas acheta 760 000 francs le fameux Diamond Jubilée au roi d'Angleterre; M. Unzue fit de M. Edmond Blanc l'acquisition de Val d'Or au prix de 750 000 francs. La progression d'achat d'étalons est d'ailleurs remarquable; alors qu'en 1900, il n'avait pas été importé plus de 17 étalons de course, en 1909, l'on n'en importait pas moins de 277 (1).

Les étables dans lesquelles est logé le bétail de race sont dignes de tous les éloges et méritent d'être citées comme modèles. De vastes bâtiments renferment les animaux, qui sont parqués dans des stalles luxueuses séparées par un large couloir; grâce à une porte extérieure, ces stalles sont aisément accessibles au plus parfait nettoyage. Dans certains éta-

(1) HURET, p. 144.

blissements même, cette besogne est encore simplifiée par l'emploi d'un plancher treillagé. Le souci du confort pour les animaux est poussé au plus haut degré et, à ce point de vue, les établissements argentins ne le cèdent en rien aux plus belles fermes anglaises (1).

Estancias. — Les estancias argentines ont une étendue moyenne de 10 000 hectares, certaines atteignent jusqu'à 300 000 hectares. Elles peuvent se classer en 7 types bien distincts :

1° Celles qui sont exclusivement réservées à l'élevage des bêtes à cornes, des moutons, brebis et chevaux.

2° Celles qui sont destinées à l'élevage des bêtes à cornes, des moutons, brebis et chevaux, mais où l'on se consacre également à l'engrais des produits.

3° Celles exclusivement destinées à l'engrais des bêtes à cornes, moutons et brebis.

4° Celles où l'élevage est combiné avec l'agriculture.

(1) Koebel, p. 122.

5° Celles qui sont destinées à l'élevage et à l'engrais du bétail combinés avec l'agriculture.

6° Celles qui comprennent l'élevage, l'engrais du bétail et la laiterie.

7° Celles exclusivement destinées à la laiterie.

Une estancia est en général conçue sur le plan suivant : ses limites sont tout simplement indiquées au moyen de fils de fer ; l'intérieur est divisé en un certain nombre d'enclos comprenant des puits et des abreuvoirs pour les bestiaux. Ces enclos servent au bétail de reproduction, d'autres sont affectés à l'engrais, d'autres enfin sont réservés à l'agriculture ou au bétail de laiterie. Le plus fréquemment, l'établissement principal occupe le centre de la propriété ; il comprend, outre la maison d'habitation du propriétaire, celle de l'intendant et celle des peones. Ces bâtiments sont entourés de hangars, d'écuries, de remises, et en général, de toutes les dépendances utiles à une grande exploitation agricole. Les pâturages les plus proches de l'établissement central sont presque toujours réservés aux troupeaux d'animaux fins ; un peu plus loin, est parqué le gros bétail, tandis que les moutons et les brebis sont relégués sur les confins; ces troupeaux, qui comprennent de 1000 à 3000 bêtes, sont confiés à des bergers qui reçoivent soit un salaire fixe, soit un tant pour cent du produit. A la différence des peones, ces bergers n'habitent pas l'établissement principal, mais vivent dans des puestos, maisons indépendantes situées sur les confins du domaine (1).

Les estancieros emploient différentes méthodes pour utiliser leur bétail, les plus ambitieux forment en débutant un troupeau de premier choix, mais pour ce faire, une mise de fonds de 60 à 75000 francs est au minimum nécessaire, qui ne recevra pas du reste de rémunération immédiate. Au bout de quelque temps, ils se trouvent à la tête d'un troupeau comprenant des animaux type de l'espèce la plus fine et les demandes d'achat affluent de toutes parts. D'autres, plus modestes, se contentent de former un troupeau d'une race moins connue; ils ont évidemment moins de déboursés tout d'abord, mais ils en tirent aussi, plus

(1) Garzon, p. 140.

tard, moins de profits. Certains transforment leurs terres en champs d'engraissage, des bestiaux de toutes sortes y trouvent place pour être engraissés et rapidement vendus, la durée du séjour de ces animaux est de quelques semaines, quelques mois au plus. La tâche de ces derniers estancieros est souvent rude et ingrate; il leur faut battre le pays en tous sens en quête des bêtes qui compléteront leur instable troupeau. Ils arrivent néanmoins, et les exemples ne manquent pas, à réaliser de beaux bénéfices, s'ils savent profiter de l'expérience qu'ils ne tardent pas à acquérir et s'ils savent faire preuve d'intelligence et d'activité (1).

L'émulation des estancias argentines est entretenue par les admirables expositions organisées chaque année par la Société rurale. Ces expositions réunissent toujours un minimum de 3 à 4 000 bêtes, elles ont lieu tous les ans au mois de septembre dans des locaux magnifiquement organisés à Palermo. Les concours d'animauxgras sont subventionn és

(1) KOEBEL, p. 124.

par les entreprises frigorifiques qui y ont même institué un certain nombre de prix (1).

L'étude de l'élevage nous conduit logiquement à celle des établissements frigorifiques; ils en sont le complément naturel et, nulle part ailleurs, ils ne sont arrivés à un tel degré de perfectionnement. L'industrie des viandes frigorifiées date d'une dizaine d'années à peine. Avant cette époque, la viande destinée à l'exportation représentait une valeur minime. Ces viandes étaient séchées et salées dans les saladeros où elles restaient longtemps exposées au soleil et les diverses manipulations très primitives qu'on leur faisait subir n'étaient pas pour en améliorer le goût et la saveur. Il était impossible de songer à l'exporter en Europe. Divers essais avaient été tentés pour conserver la viande; le sucre, l'alcool et même le vinaigre avaient été employés; mais ces tentatives étaient demeurées infructueuses et on les abandonna rapidement. C'est de 1876 que datent les premiers essais d'utilisation du froid pour le transport des animaux morts

(1) WALLE, p. 144.

destinés à la boucherie. La première Société qui fut fondée pour l'exploitation de cette idée est due à l'initiative d'un Français d'origine basque, M. Sansinea. Le procédé qui offrit les meilleurs résultats et auquel on se rallia bien vite fut celui de la congélation par compression de l'air; il est aujourd'hui universellement employé en République Argentine. Dans la seule province de Buenos-Ayres, il n'existe pas moins de huit établissements frigorifiques. Les trois principaux sont ceux de la Plata, appartenant à la Société The La Plata Cold Stirage ; la Negra, propriété de la Compagnie Sansinea de Carnes Congeladas; la Blanca, à la Compagnie Argentina de Carnes Congeladas. La plupart de ces compagnies frigorifiques font d'excellentes affaires et ne distribuent pas moins de 10 à 12 p. 100 à leurs actionnaires; quelques-unes donnent même jusqu'à 20 et 25 p. 100 (1). Les fabriques de viandes salées et séchées n'existent plus que dans les provinces d'Entre-Rios, de Corientes et de Santa-Fé. Un exemple montrera l'importance

(1) HURET. *De la Plata à la Cordillère des Andes*, p. 370.

des Sociétés frigorifiques : la Sansinea de Carnes Congeladas abat journellement une moyenne de 3 500 moutons et de 800 bœufs. C'est presque uniquement en Angleterre qu'est exportée la viande congelée des frigorifiques argentins ; c'est pourquoi le pays arrive en première ligne comme fournisseur de viandes de l'Angleterre avec, en 1910, une valeur de 149 302 080 francs ; en effet, la Nouvelle-Zélande n'en importe que pour 146 999 560 et l'Australie arrive en troisième ligne avec 114 816 990 francs.

Grâce à cette importation abondante, la classe moyenne anglaise bénéficie de l'avantage d'une consommation de viande congelée saine et bon marché. Les produits des Établissements frigorifiques argentins offrent réellement toutes garanties, étant donné les services vétérinaires qui y sont admirablement organisés. L'Allemagne, l'Italie, la Suisse consomment également la viande congelée argentine, quoique en moindre proportion que l'Angleterre ; quant à la France, par suite d'une campagne de presse intéressée qui représentait la viande comme imparfaitement réfrigérée, et de l'hostilité des pouvoirs publics, elle s'est montrée jusqu'à ce jour très peu favorable à cette importation. C'est là un protectionnisme exagéré. Il semble incontestable que l'abaissement des droits de douane sur cet article donnerait les plus heureux résultats pour une grande partie de la population française, et à l'heure actuelle, où le problème de la vie chère est à l'ordre du jour, cette solution aurait quelque intérêt à être envisagée sérieusement.

Les statistiques sont du reste très intéressantes à consulter à ce sujet. Elles montrent que, si l'Australien consomme 262 livres de viande par an, l'Américain du Nord 185, l'Anglais 121, l'Allemand 115, le Français se contente, lui, de 78 livres. Une grande partie de la population parisienne est obligée de se priver de viande de bœuf ou de mouton parce que trop chère et de se rattraper sur la viande de cheval, d'âne ou de mulet, dont il ne se consomme pas moins à Paris de 15 millions de kilogrammes par an. Il y aurait donc un incontestable avantage pour notre pays à abaisser ses tarifs douaniers qui sont presque totalement prohibitifs; l'ouvrier français pourrait alors se procurer, de même que l'ouvrier anglais, d'excellente viande de boucherie à fort bon compte; d'autant plus qu'il ne paraît pas probable que l'introduction de ces viandes frigorifiées cause un préjudice à notre production nationale. En Angleterre, répétons le, la viande importée ne s'adresse qu'aux classes modestes et les éleveurs anglais ont suffisamment de débouchés parmi les classes aisées; il nous semble qu'aucune raison économique ne s'oppose à ce qu'il en soit de même en France. A un autre point de vue l'ouvrier français se nourrissant mieux travaillerait mieux, boirait moins d'alcool, l'état sanitaire général s'améliorerait et il est fort probable que cela amènerait une diminution du nombre des tuberculeux et des aliénés (1). Il faut cependant remarquer que depuis le mois de septembre 1911, la Compagnie Sansinea envoie en France de la viande congelée à raison de 1 500 à 2 000 quartiers par mois, mais nos tarifs douaniers n'en permettent pas la vente à des prix suffisamment abordables, et ceci est douloureux à constater quand

(1) HURET. *De la Plata à la Cordillère des Andes*, p. 373.

on pense qu'en Angleterre elle se paie 0 fr. 60 le kilo.

Quelques chiffres permettront aisément de se rendre compte de l'extension de l'exportation de la viande congelée argentine depuis 30 ans.

Années.	Moutons.	Quartiers de bœuf.
1883	7 571	
1890	970 904	1 003
1895	2 022 650	21 890
1900	2 385 482	266 283
1905	3 446 720	1 935 940
1910	3 411 944	3 042 686
1911	3 780 980	3 554 450 (1)

Laine. — L'une des conséquences de l'accroissement considérable des moutons dans la République durant ces dernières années a été le développement qu'a pris depuis 50 ans l'industrie de la laine. L'augmentation du nombre des têtes en même temps que l'amélioration de la race par des croisements bien compris en sont les causes. La production de la laine à l'heure actuelle est égale au quart de la production mondiale. En 1911, année qui ne fut cependant pas des plus favorables, il a

(1) GARZON, p. 203, 204.

été exporté 132 026 tonnes représentant une valeur de plus de 250 millions de francs. Il y eut des années meilleures ; en 1899 par exemple, l'exportation a atteint 237 111 tonnes représentant une valeur de plus de 355 millions de francs (1). Le grand marché de la laine se tient à Buenos-Ayres, la plus grande partie de l'exportation est destinée à la France, surtout à Roubaix. La part de notre pays représente en moyenne 71 000 tonnes ; l'Allemagne vient ensuite avec 43 000 tonnes ; en troisième lieu, la Belgique avec 20 000 tonnes et enfin l'Angleterre avec 16 000 tonnes. Il faut noter que le rendement moyen de la laine par mouton augmente en même temps que la qualité de laine produite. C'est ainsi qu'en 1870, le rendement moyen de la laine par animal était de 750 grammes seulement ; il est aujourd'hui de 2^{kg}, 500 à 3 kilogrammes et assez souvent de 4 à 5 kilogrammes. Ce résultat compense amplement la diminution de têtes que l'on constate depuis quelques années. Il est dû uniquement à l'amélioration des races (2).

(1) GARZON, p. 197.
(2) HURET. *De la Plata à la Cordillère des Andes*, p. 368.

Nous ne pouvons manquer de signaler également le commerce très actif des peaux de moutons. L'exportation n'accuse pas moins de 33 000 tonnes de cette matière sur lesquelles plus des 2/3 sont destinées à la France.

L'industrie laitière a accompli également de notables progrès.

Les plus récentes statistiques nous indiquent qu'il existerait en Argentine 719 établissements utilisant 193 millions de litres de lait sur lesquels 173 millions sont destinés à la production de la crème et 20 millions à la fabrication du fromage. Les beurreries produisent 7 540 000 kilogrammes de beurre, ce qui exige 207 millions de litres de lait. En 1905, l'exportation portait sur plus de 5 393 233 kilogrammes de beurre (1) ; bien qu'elle ait légèrement diminué depuis, il est certain que l'on arrivera à tirer encore un meilleur parti des vaches laitières et, si l'on n'est pas parvenu jusqu'à ce jour à des résultats supérieurs, la cause en est due uniquement dans le manque de bras. Avec le développement de l'émigra-

(1) WALLE, p. 142.

tion, les progrès ne pourront que s'accentuer. Trois grandes fermes modèles servent à l'alimentation en lait de Buenos-Ayres. La plus célèbre est la Martona, qui contient plus de 10 000 vaches; la ville de Buenos-Ayres consomme journellement 449 116 litres de lait, ce qui représente une moyenne de 200 grammes par habitant.

Agriculture. — Si l'élevage fut la première des richesses exploitée de l'Argentine, l'agriculture, postérieure en date, car elle demandait plus de soins, en est sans contredit la plus remarquable; et ce n'est que lorsque la main-d'œuvre devint plus abondante qu'elle put prendre l'extension considérable dont nous suivons encore de jour en jour l'étonnant développement.

Quelques chiffres seront suffisament édificatifs à ce sujet.

En 1887, la surface cultivée atteint à peine 2 300 000 hectares, c'est presque l'état embryonnaire; en 1898, 11 ans après, elle s'élève à 6 110 000 hectares; en 1910, elle est de 18 775 672 hectares; en 1911, de 19 619 000 hectares ; en 1912, de 21 177 000 hectares (1).

C'est la province de Buenos-Ayres qui tient la première place au point de vue des terres cultivées, dont elle possède 8 440 300 hectares ; puis vient la province de Cordoba avec 4 343 600 hectares, et celle de Santa-Fé avec 3 954 864 hectares. Dans le territoire de la Pampa Centrale, l'étendue des terres cultivées dépasse également 1 million d'hectares, mais elle est beaucoup moins considérable dans les autres provinces et l'on peut dire qu'elle est insignifiante dans les régions du Sud. En Patagonie, par exemple, à l'extrémité de la Terre-de-Feu, où le climat est en général rigoureux, elle n'est plus que de 135 hectares (2), A première vue, cette étendue de terres cultivées peut paraître considérable ; elle est en réalité minime si l'on considère que la République Argentine renferme 104 300 000 hectares de terres labourables susceptibles d'une culture immédiate, soit environ 5 fois l'étendue des terrains actuellement exploités. La fécondité de la terre argentine est prodigieuse ;

(1) WALLE, p. 129.
(2) GARZON, p. 176.

elle a surpris tous les intéressés qui ont vu leurs efforts couronnés de succès bien au delà de leurs espérances. C'est avec les plus grandes difficultés que les estancieros et les compagnies de chemins de fer ont pu se maintenir au niveau de la tâche énorme qui leur incombait à la suite de l'extension colossale de la culture et c'est à grand'peine qu'ils réunissaient suffisamment de bras et de machines agricoles pour moissonner, assez de wagons et de locomotives pour transporter les récoltes. Ces merveilleux résultats sont dus tant aux qualités du sol qu'à un climat des plus favorables ; dans les régions de culture, la température moyenne de l'année est de 17° centigrades et par les plus froides journées d'hiver il est rare que le thermomètre descende au-dessous de 0°. Cette situation privilégiée offre pour le cultivateur l'avantage appréciable de pouvoir se contenter d'habitations rustiques et de n'avoir pas à se préoccuper d'amasser et de conserver des provisions, car toute l'année il trouve en abondance autour de sa demeure de quoi subvenir à son existence.

D'autres éléments ont également joué un

rôle important dans le développement agricole. C'est en premier lieu l'établissement d'un régime politique stable. Ainsi qu'il a été dit, après que l'Argentine eut conquis son indépendance, elle fut en proie aux révolutions et aux dissensions intestines. Longtemps, le pays fut ensanglanté, tant par les luttes entre fédéraux et unitaires que par la cruelle dictature d'un Rosas. Le désordre et l'insécurité régnaient partout et les tribus indiennes profitaient de cette situation pour piller les propriétés, détruire les récoltes et ravir les bestiaux; ce ne fut que grâce à l'énergie d'hommes politiques, tels que Urquiza, Bartolomé Mitre, Sarmiento, que l'ordre put être enfin rétabli.

Il faut citer en second lieu l'immigration étrangére qui commença à devenir très importante sous Urquiza et sur laquelle nous aurons à revenir longuement.

En troisième lieu, les chemins de fer et la facilité des moyens de communication jusqu'alors ignorés du pays ont donné à l'agriculture un essor considérable. En effet, autrefois, les seules routes de l'Argentine étaient ses grandes artères fluviales : elle n'avait ni canaux, ni voies de communications pour assurer le transport des céréales. En montagne on se servait de caravanes de mulets. En plaine d'énormes charrettes à bœufs avançaient péniblement sur des chemins à peine tracés dont l'épaisse couche de poussière se transformait en hiver en boue épaisse et gluante. Le jour où, grâce au capitaux anglais, le pays se couvrit d'un réseau magnifique de voies ferrées, beaucoup de terres abandonnées se transformèrent comme par enchantement en champs de cultures des plus féconds.

Citons enfin, en quatrième lieu, l'emploi de plus en plus fréquent de machines agricoles perfectionnées. Elles sontpresque toutes fabriquées aux États-Unis et en Angleterre et conviennent parfaitement aux grandes exploitations argentines. Les labours se font au moyen de 8 à 10 charrues à vapeur qui ne soulèvent pas moins de 30 hectares par jour; une seule locomobile est nécessaire à leur traction. Chaque charrue se compose de 3 à 6 disques et les sillons se creusent sur une largeur de 15 à 18 mètres; un seul homme est capable de labourer 300 hectares de terre vierge en un mois, soit 10 hectares par jour. Grâce à ces machines, ainsi qu'aux moissonneuses mécaniques et aux batteuses à vapeur ou à l'huile de naphte, une seule famille de colons peut exploiter 150 hectares de terre.

Le mode d'exploitation le plus généralement employé est l'affermage. Le fermier reste chargé du recrutement des ouvriers agricoles qui se composent des ouvriers permanents et des passagers; c'est ainsi qu'aux mois de novembre et de décembre, une véritable armée de moissonneurs italiens débarque en Argentine et y reste jusque vers février ou mars, époque où les moissons se terminent. En temps ordinaire, les laboureurs sont payés entre 55 et 145 francs par mois; ils sont nourris.

A l'époque des moissons, ces salaires s'élèvent considérablement; ils varient alors de 5 fr. 50 à 15 francs et à 25 francs pour les contremaîtres par jour.

En 1860, la récolte de blé n'était pas suffisante pour faire face à la consommation intérieure. En 1884, l'Argentine beaucoup moins peuplée qu'aujourd'hui importait encore les farines d'Europe et le blé du Chili. Si nous mettons en regard de cette situation les chiffres actuels, nous serons plus parfaitement renseignés que par aucun commentaire.

	Production en tonnes.		Valeur en francs.	
	1910-11	1911-12	1910-11	1911-12
Blé	3 710 000	4 788 455	652 960 000	916 987 197
Lin	685 000	595 000	226 050 000	218 257 500
Avoine .	590 000	950 000	51 920 000	104 500 000
Maïs ...	703 000	8 500 000	79 439 000	960 500 000
		Totaux.	1 010 369 000 (1)	2 200 244 697

Blé. — Le blé est exporté en plus grande partie. Cette exportation accuse une extension considérable, les années sont cependant plus ou moins bonnes suivant que les saisons ont été plus ou moins favorables.

Années.	Tonnes.	Valeur.
1895	1 010 269	99 358 260 francs.
1900	1 929 676	243 138 265 —
1905	2 868 281	429 415 705 —
1907	3 820 000	573 000 000 —
1908	3 636 294	644 213 050 —
1909	2 514 130	530 194 700 —
1910	1 883 592	361 011 300 —
1911	2 285 951	403 375 330 — (2)

(1) Garzon, p. 179.
(2) Garzon, p. 178.

L'Argentine tient aujourd'hui le troisième rang dans le monde pour l'exportation du blé, elle vient immédiatement après les États-Unis et la Russie et les rattrapera certainement bientôt ; elle dépasse par contre le Canada et les États Balkaniques. Le grand client de blé argentin est l'Angleterre ; en 1909, ce pays a acheté à l'Argentine plus de 350 000 tonnes de blé et 2 500 de farine, le Brésil vient ensuite avec 234 000 tonnes de blé et 102 000 tonnes de farine ; puis l'Italie avec 110 000 tonnes de blé.

Dès que la récolte est terminée, le blé est mis en sac et dirigé vers les ports d'embarquement ; arrivé là, le blé est parfois débarqué directement du wagon dans les bateaux, parfois aussi placé d'abord dans des élévateurs, quelquefois transformé en farine.

Le fait de voir le colon vendre ainsi son grain immédiatement après la récolte et ne pas attendre un mouvement de hausse se comprend, car le cultivateur n'a pas le loisir d'attendre les cours favorables ; il est obligé d'acheter ses semailles et de rembourser les dettes très lourdes qu'il a contractées envers l'Almacenero afin de poursuivre sa récolte jusqu'au bout. Cette situation préjudiciable au colon prendra fin le jour où l'on aura construit dans les gares des magasins de dépôts où le grain pourrait ainsi attendre la hausse en cas de besoin. Aucune institution n'existe semblable à nos Warrants qui permettent de gager les récoltes pour se procurer des avances et, dans, cet ordre d'idées, tout est à créer.

La production du blé en Argentine pourrait être bien supérieure et, non seulement la surface des terres cultivées pourrait être infiniment plus étendue, mais il y aurait encore grand intérêt pour les cultivateurs à pratiquer la culture intensive au moyen d'engrais et d'irrigations. La moyenne du rendement à l'hectare est en effet de 721 kilogrammes seulement dans les années ordinaires alors qu'elle est de 2 100 kilogrammes en Grande-Bretagne, de 1 980 kilogrammes en Allemagne, de 1 380 kilogrammes en France, de 2 140 kilogrammes au Canada et 1 100 kilogrammes en Roumanie; cependant, dans aucun de ces pays, la terre n'est meilleure et à ce point de vue on peut citer dans les provinces de Buenos-Ayres, de Santa-Fé, de

Cordoba ou d'Entre-Rios, des terres irriguées qui donnent sans engrais jusqu'à 3500 kilogrammes de blé à l'hectare. Par ces chiffres, on peut préjuger quel magnifique avenir est réservé à la culture le jour où les colons se décideront à employer la culture intensive. Les principaux ennemis des récoltes en Argentine sont les sauterelles et la sécheresse. Les sauterelles volantes ou langostas viennent des régions du Nord; elles s'avancent en armées formidables présentant parfois un front de 4 à 5 kilomètres sur une largeur de près de 50 kilomètres; elles s'abattent au nombre de plusieurs milliards sur les riches campagnes en décembre et en janvier, au moment par conséquent où les récoltes arrivent à maturité. Les désastres qu'elles occasionnent sont incalculables; elles s'attaquent aux feuilles, aux pousses, aux écorces des arbres, aucune nourriture n'est pour elles négligeable et elles n'hésitent pas à ronger le linge et la laine des vêtements et, lorsqu'une région est visitée par ce fléau, sa ruine est complète pour plusieurs saisons. Différents moyens sont employés pour combatte les sauterelles; c'est ainsi que l'on creuse parfois des fosses profondes dans lesquelles on pousse les sauterelles jusqu'à ce que leurs corps forment des masses épaisses; ces fosses ont les bords recouverts de tôle ondulée et il est imposible aux insectes de s'échapper; lorsqu'elles sont pleines, on les recouvre de terre; ce procédé donne quelques résultats. On a aussi cherché à multiplier les champi, sorte de coléoptères qui se montrent très friands des œufs de sauterelles. Le Gouvernement est même intervenu, en instituant des primes par sac de sauterelles apporté au chef-lieu de district. Il ne faut cependant pas s'exagérer le danger, quoique très réel, des sauterelles, qui n'existent d'ailleurs que dans les provinces du Nord, les régions du Sud en sont à l'abri.

Quant à la sécheresse, en raison de la forme très allongée du pays, elle n'est jamais générale; une province peut manquer d'eau sans que pour cela la totalité de la récolte de la République en soit compromise, car les pluies auront été abondantes dans d'autres régions. Les travaux d'irrigation de plus en plus considérables ne manqueront pas d'ailleurs d'avoir à ce point de vue la meilleure influence.

Après la culture du blé, la culture du lin est celle qui emploie le plus de terres en Argentine. En 1911, le lin occupait une surface ensemencée de 1 500 000 hectares. Le lin est, de même que le blé, un produit d'exportation au premier chef ; plus des trois quarts de la récolte y sont employés. L'exportation de cette graine, comme pour le blé, du reste, est de plus en plus grandissante, sous la réserve, toutefois, des années où la récolte peut être moins abondante.

Années.	Tonnes.	Valeur.	
1895...........	276 443	41 433 560	francs.
1900...........	223 257	53 270 055	—
1905...........	654 792	131 169 255	—
1910...........	604 877	223 021 975	—
1911...........	415 805	167 899 950	— (1)

L'Argentine est pour le lin le premier pays exportateur du monde ; en effet, les État-Unis, qui sembleraient devoir occuper cette place, voient une grande partie de leurs récoltes absorbée par les industries locales ; quant aux autres

(1) GARZON, p. 178.

pays, leur production en lin est plutôt en diminution.

Le lin se cultive dans les mêmes provinces que le blé; il convient de remarquer qu'il ne craint pas comme ce dernier l'invasion des sauterelles, sa récolte étant déjà rentrée lorsque celles-ci sont susceptibles de faire leur apparition. Il est vrai qu'il est exposé au danger des gelées tardives, mais c'est là un accident assez peu fréquent.

Le développement de la culture de l'avoine date de ces toutes dernières années et il est bien certain qu'elle n'en est encore qu'à ses débuts. En 1911, la surface ensemencée d'avoine était d'un million d'hectares; il est remarquable de noter qu'en 1890, il n'y avait pas assez d'avoine pour songer à faire de l'exportation et qu'en 1909, il y a trois ans à peine, la surface ensemencée de ce produit était seulement de 572 600 hectares. Il a été calculé que les bénéfices que l'on pourrait retirer de cette culture seraient sensiblement les mêmes que ceux résultant de la culture du blé ; depuis trois ou quatre ans, l'avoine s'est particulièrement répandue dans les provinces du Sud; citons spécialement la région de Bahia-Blanca, dont les terres sont peut-être moins bonnes que dans le Nord, mais dont la teneur en chaux est supérieure. En raison de la consommation intérieure, en même temps que du peu de surface qu'occupe sa culture, l'exportation de l'avoine est sensiblement inférieure à celle des autres céréales que nous venons d'étudier ; elle représente pourtant à l'heure actuelle une valeur de 50 millions.

La culture du maïs peut sans contredit compter aujourd'hui comme l'une des principales richesses du pays ; en 1911, la superficie ensemencée était de 3 500 000 hectares. Des trois cultures, blé, lin, maïs, c'est cette dernière qui doit être considérée comme la plus profitable : c'est elle qui a pris par suite le plus d'extension ; elle est, par contre, le plus exposée aux attaques des sauterelles. Au moment de leur invasion, la récolte de lin est généralement rentrée et les épis du froment devenus assez durs pour résister à leurs morsures, tandis que le maïs avec ses feuilles vertes et ses épis tendres est leur aliment préféré. Ces risques sont compensés du reste par les bénéfices considérables que l'on peut tirer du maïs; une seule bonne récolte peut représenter, très souvent, la moitié du prix d'achat du terrain cultivé; aussi les terres propices à cette culture se vendent-elles un bon prix, atteignant parfois 250 piastres à l'hectare. La récolte du maïs en 1911-1912 a atteint le chiffre fabuleux de 8 millions de tonnes; l'exportation en a suivi une marche ascensionnelle parallèle. Le tableau suivant permettra de s'en rendre compte :

Années.	Tonnes.	Valeur.
1895	772 318	50 963 690 francs.
1900	713 248	59 668 735 —
1905	2 222 289	231 687 000 —
1907	2 427 008	261 016 000 —
1909	2 273 412	241 872 150 —
1910	2 660 225	301 304 020 —

L'Argentine est aujourd'hui à la tête des pays exportateurs de maïs; c'est en 1907 qu'elle a distancé sur ce terrain les États-Unis, qui arrivaient encore bons premiers; elle a maintenu depuis sa supériorité en ne faisant que l'accentuer. Cette supériorité ne vient pas uniquement du développement incessant de la production argentine, mais aussi de ce que les Américains sont très friands de maïs et en utilisent pour leur propre consommation; ils en absorbent également une grande quantité pour l'élevage de leurs porcs et de leurs bœufs, ils s'en servent également pour la fabrication de l'alcool, de la glucose, de l'amidon et de l'huile.

Les plantes fourragères et, en particulier, la luzerne, dont il a déjà été question à propos de l'élevage, sont une autre source de richesse du pays qu'il convient de mentionner à côté des céréales.

La région la plus favorable à la luzerne est celle située à l'ouest de Buenos-Ayres. Les terrains argileux ne conviennent pas à cette plante qui préfère les terrains secs, pourvu que ses racines puissent trouver de l'eau à peu de profondeur. De ce fait, les luzernières sont nombreuses dans les provinces de Cordoba, Santa-Fé, Mendoza et dans la Pampa Centrale. La luzerne présente des qualités spéciales et très avantageuses, parmi lesquelles, la rapidité de croissance et la faculté de repousser une seconde et même une troisième fois après avoir été coupée, ne sont pas des moindres; à la différence du blé, elle ne fatigue pas le sol; ne se nourrissant que d'eau, elle l'améliore plutôt. Bien semées, les luzernières peuvent durer 10 ans.

En 1910, on comptait 5 400 580 hectares de luzernières, bien qu'il n'y ait que quelques années que les prairies artificielles ont remplacé les prairies naturelles (1).

La culture du coton tend à prendre beaucoup d'extension dans les provinces du Nord, particulièrement celles de Corrientès et les territoires du Chaco, de Formosa et de Misionès. Cette culture ne remonte qu'à quelques années et elle donne déjà de beaux résultats, puisque les planteurs peuvent en tirer un bénéfice de 3 à 400 piastres par hectare. C'est dans le Chaco que l'on trouve le coton de meilleure qualité. Le coton argentin est plus blanc et plus propre que celui des États-Unis; le reproche qui lui a été fait est son manque de solidité : cela pourrait tenir aux mauvaises semences fournies par les usines d'égrenage. Le ministère de l'Agriculture vient d'ailleurs de créer à Benitez

(1) GARZON, p. 186.

une station agricole qui aura le monopole de la fourniture des grains aux planteurs. La fertilité du sol est telle que les terres du Chaco fournissent sans aucun engrais des plants qui produisent plus de 100 capsules, alors qu'avec la culture intensive, la production est de 40 aux États-Unis. Le jour où on consacrera aux entreprises cotonnières argentines les capitaux nécessaires à de grandes exploitations, nul doute que les résultats ne dépassent les plus audacieuses espérances. On trouve encore abondamment, même dans certaines régions des textiles indigènes, tels que le karaguala, le palma karandai, le khaguar, dont les fibres peuvent être utilisées efficacement.

Dans les provinces du Nord, particulièrement dans le territoire de Misionès, on trouve en abondance un arbuste qui tient un rôle considérable dans la vie indigène, le yerba maté. Son aspect rappelle l'oranger. Ses feuilles et ses rameaux légèrement torréfiés fournissent des infusions dont tous les habitants de l'Amérique du Sud se montrent extrêmement friands. Jusqu'à ces derniers temps, le yerba maté ne s'exploitait guère qu'à l'état sauvage;

le Gouvernement accordait des concessions dans les forêts moyennant une redevance annuelle. Un Français, M. Allain, a récemment constitué une Société pour l'exploitation de 8 000 hectares de yerba maté. Remarquons qu'il s'agit ici d'une exploitation très soigneusement, rigoureusement même, scientifique et qu'elle semble appelée à un gros rendement.

La canne à sucre se cultive surtout dans la province de Tucuman, on la rencontre également dans celles de Santiago-del-Estero, de Salta, de Jujuy, de Corrientès et les territoires de Formosa, Chaco et Misionès. L'industrie du sucre est une source de véritables richesses pour la province de Tucuman. Le rendement est en effet très élevé : un hectare de canne exigeant une dépense de 100 piastres seulement pour sa plantation fournit une production rémunératrice pendant 15 ans au moins en donnant annuellement de 25 à 45 000 kilogrammes de sucre. La superficie cultivée a été en 1910 dans toute l'Argentinè de 72 000 hectares qui ont fourni 2 415 618 tonnes de canne. Une fois broyée, cette canne a produit 148571 tonnes de sucre représentant une valeur commerciale de 65 344 000 francs; on en a retiré en outre, 922 943 litres d'eau-de-vie dont la valeur commerciale est à peu près de 1 874 000 francs.

Production du sucre.	Tonnes.
1904	128 104
1906	116 287
1908	161 688
1910	148 571
1911	177 674

Les Argentins sont eux-mêmes grands consommateurs de sucre, à peu près 30 kilogrammes par habitant, alors qu'en France, cette consommation est ramenée à 15 kilogrammes et en Italie à 8; aussi, production et consommation se balancent-elles dans le pays et on ne peut guère, sauf pendant les années très abondantes, songer à exporter; parfois même, l'importation est nécessaire.

Il est dans la province de Tucuman de colossales usines de sucre; citons la Compagnie Azucarera, dont la sucrerie, installée à Lastenia, moud 4 600 tonnes de canne par jour et emploie, tant pour le travail industriel que pour celui des champs, 20 000 ouvriers (1).

La culture de la vigne est principalement développée dans la province de Mendoza ; elle forme l'industrie presque exclusive de ce pays. Les autres provinces riches en vignes sont : San-Juan, la Rioja, Catamarca, Salta, San-Luiz, Entre-Rios et Cordoba. L'irrigation a permis de donner aux vignobles une extension considérable. Voici quelques chiffres spéciaux à Mendoza : en 1895, la superficie plantée de vignes est de 13 459 hectares évalués à 43 millions de piastres ; en 1909, elle progresse à 38 723 hectares, évalués 114 253 500 piastres ; en 1912 enfin, les vignobles occupent une surface de 47 000 hectares. La production du vin suit naturellement une marche parallèle, les provinces de Mendoza et de San-Juan qui tiennent la tête de l'industrie viticole nous donnent les chiffres suivants :

Années.	Kilos de raisins récoltés.	Nombre d'hectos.
1907............	302 129 927	2 114 628
1908............	315 697 527	2 171 407
1909............	290 006 601	1 618 377
1910............	372 824 505	2 650 267
1911............	442 223 276	3 026 993

(1) HURET, *De Buenos-Ayres au Grand-Chaco*, p. 225.

La province de Mendoza a été comparée à la Californie, tant l'industrie viticole semble devoir lui assurer par les richesses qu'elle promet un avenir comparablement brillant. Elle approvisionne de vins toute la Confédération, fait vivre des milliers d'ouvriers et a amené la création d'un grand nombre d'industries accessoires (1).

La vigne fut importée à Mendoza par les Espagnols quelque temps après la conquête; elle n'a véritablement pris de l'extension que le jour de l'ouverture à l'exploitation du Chemin de Fer du Pacifique reliant Mendoza à l'Atlantique. C'est à dater de cette époque, 1890-91, qu'une culture rationnelle sur de grandes étendues irriguées fut appliquée à la vigne et que les plants français se substituèrent aux vignes créoles. L'Argentine est aujourd'hui la première nation viticole des deux Amériques; les vins qu'elle produit sont en général médiocres; la chaleur et la sécheresse paraissent en être la cause.

Parmi les sources si diverses de richesses

(1) Walle, p. 443.

de l'Argentine, il ne faut pas oublier de mentionner les fruits dont on rencontre les espèces les plus variées; ceux des pays tropicaux dans les provinces du Nord et ceux des climats tempérés dans les provinces moins chaudes. Ce sont les Jésuites qui importèrent les semences de ces fruits et les firent croître sur des terrains défrichés par eux. Le fruit que l'on rencontre le plus fréquemment est la pêche et il n'y a peut-être pas de pays au monde où ce fruit soit plus abondant. Il est beaucoup plus ferme comme chair et comme peau que la pêche d'Europe et se pèle au couteau comme la pomme. Dans les provinces tempérées, on trouve également en quantité considérable des brugnons, des poires, des pommes, des prunes, des coings, des melons, des oranges, des citrons, des figues, des fraises, des cerises. Au point de vue fruitier, de toutes les provinces de l'Argentine, c'est celle de Mendoza qui est la mieux partagée (1). Grâce à l'irrigation, la culture intensive des fruits y a pris depuis quelques années une extension considérable. Le Gouvernement

(1) HURET. *De la Plata à la Cordillère des Andes*, p. 221.

local a créé des jardins d'essai où l'on commence à faire des sélections et à multiplier les espèces. Les efforts des cultivateurs sont encouragés par des expositions horticoles de plus en plus nombreuses. Des spécialistes français ont été demandés pour créer des stations agricoles et former des centres d'études. Des fabriques de conserves ont été installées depuis quelque temps, elles sont en pleine prospérité et paraissent devoir donner des bénéfices supérieurs à ceux de l'élevage, du blé, de la luzerne, de la vigne ; des plantations d'oliviers ont été créées. Les résultats sont entièrement satisfaisants et nul doute qu'ils ne progressent encore avec les améliorations incessantes du système d'irrigation. Il sera alors facile de songer à pratiquer en grand l'exportation des fruits en Europe que l'on a du reste commencé à réaliser sur une petite échelle et, si l'on songe que les saisons argentines sont l'inverse des nôtres et que, de ce fait, il serait possible que nous ayons l'hiver des fruits frais d'été, on saisit immédiatement toute l'importance qu'un semblable commerce pourrait prendre.

Le domaine forestier argentin est considérable, particulièrement dans les provinces du Nord. Les étendues de domaines exploitables peuvent être évaluées à 385 000 kilomètres carrés ; parmi les arbres les composant, on rencontre des essences d'un intérêt industriel évident : le quebracho, le palissandre, le lapacho, le bois de rose, le santal, le palma rouge, le tipa, le cèdre, le noyer, le peuplier ; ce dernier est très répandu dans la province de Mendoza où il représente un capital des plus importants; certaines plantations représentent une valeur de plus d'un demi-million ; l'on estime à un dollar par année de croissance la valeur d'un arbre ; un peuplier de 10 ans vaut par conséquent 10 dollars ou 50 francs. De toutes ces essences, la plus importante est de beaucoup le quebracho. C'est un bois excessivement dur et lourd, idéal pour les poteaux de clôture et les traverses de chemins de fer, et dont la durée n'est pas inférieure à 30 ans ; on a découvert en outre, il y a quelques années, qu'il renfermait une quantité considérable de tanin ; en raison de cela, son exploitation a pris une grande activité. Le quebracho se trouve principalement dans les forêts du Chaco, de Formosa, dans les provinces de Santiago, d'El Estero, de Salta, de Jujuy et dans le nord du Paraguay. Ce bois est utilisé pour les constructions de navires, de ponts, pour les entreprises hydrauliques et, en général, toutes les fois que l'on recherche un bois difficilement putrescible; mais il est surtout employé aujourd'hui pour les tanneries. Il est deux fois plus riche en tanin que le chêne, employé jusqu'ici en Enrope dans l'industrie des cuirs; d'autre part, outre qu'il permet un tannage plus rapide, il est utilisé en totalité, alors que dans les autres essences l'écorce seule peut servir. Les chiffres suivants montreront l'extension qu'a prise dans ces dernières années l'exportation du bois de quebracho et du tanin :

Années.	Quebracho.	Tanin.
1898.........	188 260 francs.	1 192 francs.
1900.........	239 836 —	5 997 —
1905.........	285 897 —	29 408 —
1910.........	341 969 —	53 231 —
1911.........	438 216 —	68 431 —

Les chiffres concernant l'exploitation des

produits forestiers en général sont les suivants :

Années.	Valeur.
1894	7 555 625 francs.
1899	11 044 580 —
1905	35 626 660 —
1907	36 327 928 —
1910	42 853 312 —

Il est aujourd'hui établi d'une façon irréfutable qu'il existe de nombreux districts miniers dans toute l'étendue des versants orientaux de la Cordillère des Andes ; dans les provinces de Mendoza, San-Juan, la Rioja, Catamarca, Salta, Jujuy, Tucuman, Cordoba et San-Luis, L'on retrouve d'ailleurs dans ces provinces maints vestiges d'anciennes exploitations minières. Depuis 10 ans, un certain nombre de Compagnies houillères se sont constituées et, bien qu'elles se soient heurtées à de grandes difficultés, notamment en ce qui concerne le transport et les communications, elles sont arrivées à un résultat satisfaisant qui est d'excellent augure pour l'avenir. Dans la province de Catamarca, la Société Capillitas Copper Company a acheté les mines de Lafone, Carrarza et Augier à Andalgala ; elle fut remplacée en 1910 par la Capillitas Consolidated Mines Ltd, au capital de £ 600 000; grâce au voisinage de chemins de fer récemment construits et à de très nombreux et de très onéreux travaux, l'exploitation paraît aujourd'hui en excellente voie et il est permis d'espérer que, lorsque la main-d'œuvre se fera moins rare, des bénéfices relativement importants seront réalisés. Une usine dépendant de l'exploitation vient d'être construite pour la fonte des métaux. De toutes les provinces, Catamarca est la plus favorisée au point de vue minier et, le jour où les communications seront facilitées par la création de chemins de fer et de routes, l'exploitation se développant sans entraves, l'on se trouvera en présence d'une source inépuisable de richesses, car on rencontre dans cette province des mines de bismuth, d'antimoine, de fer et des placers aurifères. Le centre minier le plus important du district de Rioja est celui de Thilecito, d'un accès facile du reste; il est en communication avec les ports d'embarquement par chemin de fer et relié par un transporteur aérien à tous les districts miniers compris dans les limites de la montagne Farnatina. Les principaux métaux que l'on rencontre dans cette province sont : l'argent natif, l'antimoine, l'arseniure d'argent et le cuivre. Dans la province de Mendoza, ce sont des mines de cuivre, des galènes argentifères, des quartz aurifères, du pétrole et du charbon, des carrières d'albâtre, d'ardoise et de marbre. Dans celle de San-Juan, des quartz aurifères, de l'argent, du cuivre, de l'antimoine, du charbon, du soufre, de l'amiante ; dans celles de Salta et Jujuy, du quartz aurifère, des galènes argentifères, du cuivre, du borate de chaux, etc. Dans les territoires de la Terre-de-Feu et de Santa-Cruz, on a remarqué des sables contenant beaucoup d'or en poudre fine et en pépite. Ce qui empêche l'Argentine de retirer tout le profit qu'elle peut espérer de ses mines, c'est aussi bien la rareté de la main-d'œuvre que le manque d'ingénieurs et cela s'ajoute au manque de capitaux. Le jour où ces lacunes seront comblées, avec l'aide du Gouvernement dont la législation minière si large ne tend qu'à favoriser le mouvement houiller, un très bel avenir est certainement réservé à ces exploitations et aux industries qui en dépendent. L'exportation des produits des mines a donné ces dernières années les chiffres suivants :

Années.	Valeur.
1906	1 369 080
1907	2 825 195
1908	4 054 805
1909	3 713 335
1910	2 699 510

CHAPITRE III

Population. — Immigration. — Main-d'œuvre.

Le plus récent des recensements que l'on possède sur la population de la République Argentine, celui de 1911, accuse 7 388 227 habitants, dont la capitale de Buenos-Ayres absorde à elle seule 1 351 663. Pendant le cours du XIXe siècle, les statistiques indiquent un accroissement très sensible du nombre des habitants.

Années.	Population.
1797	310 428
1819	527 000
1837	678 000
1860	1 210 000
1872	2 231 049
1888	3 158 434
1895	3 954 911
1908	6 436 218
1910	7 171 918
1911	7 288 227

Il ne faut pas oublier que la superficie totale du pays représente le chiffre énorme de

2 987 353 kilomètres carrés ; la proportion de la population est donc extrêmement faible, elle donne à peine une densité de 2,40 habitants par kilomètre carré. Il est intéressant de rappeler comme point de comparaison que celle de la Belgique est de 253 habitants, celle de la Hollande de 176, 94, celle de l'Allemagne de 121, 52, celle de l'Autriche Hongrie de 75, 80, celle de la France de 73, 16, celle de la Suède, de 12, 23. Il est à remarquer que la France est loin d'occuper l'une des premières places dans ce tableau comparatif, et cependant, si l'Argentine avait la même densité, elle devrait compter 220 millions d'habitants. L'immigration augmente pourtant dans de grandes proportions, la mortalité est relativement faible, la moyenne des naissances représente le double de celle des décès ; dans ces conditions, il a été calculé que le nombre des habitants devait doubler en 16 ans, ce qui donnerait un chiffre de 16 millions d'âmes en 1927. Il est toutefois permis de penser que ce chiffre sera atteint bien auparavant. Bien d'autres éléments favorables ne manqueront pas d'intervenir, parmi lesquels viennent en première ligne : le développement

commercial et agricole, les grandes facilités que l'on accorde au séjour et à l'établissement des étrangers, la multiplication des voies de communication. La population argentine est loin de se répartir également entre toutes les provinces; comme dans tous les pays, les plus peuplées sont en même temps les plus riches, et ici, ce sont celles où l'agriculture et l'élevage ont pris le plus d'extension; c'est ainsi que la province de Buenos-Ayres vient avec 2 millions d'habitants, celle de Santa-Fé avec 879 935, celle de Cordoba avec 610 475, celle d'Entre-Rios avec 382 794, celle de Corrientes avec 336 218, celle Tucuman avec 314 234; les deux provinces les moins peuplées sont la Rioja avec 91 365 et Jujuy avec 63 311, ce sont les plus montagneuses de la République. Certains territoires sont assez bien peuplés, tels que la Pampa avec 90 250 et Misiones avec 44 950, leur voisinage est presque désert. Le territoire de Santa-Cruz vient avec 6 500 habitants et Los Indes avec 3 100; quant à la Terre-de-Feu, elle ne compte que 2 500 habitants; les différences de topographie et de climat expliquent ces variations.

Cette population est des plus hétérogènes, l'on rencontre tout d'abord un noyau formé des descendants des premiers conquérants, artisans, fonctionnaires ou commerçants espagnols établis peu à peu avec leurs femmes dans le pays; ce noyau forme le type blanc; c'est l'une des castes si marquées en Argentine très fière de la pureté de son sang, englobant la presque totalité des familles bourgeoises et riches de chaque ville, manifestant d'ailleurs le plus profond mépris pour les métis. Ce dernier élément est beaucoup plus important au point de vue numérique; il est issu du croisement des premiers colons espagnols avec les races indiennes; il est surtout très répandu dans les campagnes; presque tous les gauchos sont des métis. Il existe en outre une catégorie de métis issue de nègres et d'indiens : ce sont les sambos, et quelques tribus indigènes débris d'un élément autrefois très nombreux dont il ne subsiste plus que de très rares vestiges vivant à peine civilisés dans les territoires les plus lointains du Nord. Vient ensuite l'élément européen qui représente à lui seul les 2/3 de la population totale.

L'immigration ne date que de l'indépendance. L'Argentine espagnole interdisait formellement l'entrée de son territoire à tout étranger ; ce n'était là que la conséquence du système de colonisation alors universellement admis et dont il a déjà été parlé dans le court aperçu historique du premier chapitre. L'indépendance proclamée, le pays va au contraire essayer d'attirer par tous les moyens la main-d'œuvre étrangère. Ce n'est cependant qu'en 1850 qu'on voit se dessiner un mouvement d'immigration quelque peu important et en 1857, que se dressent les statistiques officielles. Depuis lors, le mouvement ne fit qu'aller s'agrandissant, ainsi que le montre le tableau suivant :

Années.	Immigrants.
1857 à 1860..........	20 000
1861 à 1865..........	46 871
1866 à 1870..........	112 696
1871 à 1875..........	148 422
1876 à 1880..........	112 191
1880 à 1885..........	255 185
1886 à 1890..........	691 383
1891 à 1895..........	236 252
1896 à 1900..........	412 074
1901 à 1905..........	526 030
1906 à 1911..........	1 458 073

L'année 1911 compte seule 225 772 immigrants. D'après les derniers renseignements, les huit premiers mois de 1912 ont été à ce point de vue des plus satisfaisants et dénotent une nouvelle progression.

Les éléments les plus divers contribuent à former le mouvement d'immigration. Le premier rang revient aux Italiens avec 2052000 sujets; les Espagnols arrivent ensuite largement distancés, puisqu'ils ne comptent que 1132000, viennent ensuite les Français avec 200000, les Russes avec 113000, les Turcs, avec 89000, les Austro-Hongrois 74000, les Allemands 50000, les Anglais 48000, les Suisses 30000, Belges 21000 et Portugais 16000; les Américains du Nord, les Hollandais, les Danois et les Suédois fournissent des contingents inférieurs à 10000. Il faut cependant remarquer que l'immigration espagnole a singulièrement progressé pendant les huit premiers mois de l'année 1908 où elle atteint 69000 immigrants; elle dépasse ici les Italiens qui ne comptent pour la même période que 24000 individus. L'élément féminin accuse un accroissement constant, assez léger il est vrai. 1907 voit 43 000 immigrantes, 53 000 en 1908, 49 000 en 1909, 58 000 en 1910, 50000 en 1911. La moitié environ des immigrantes arrive sans famille. Il est intéressant de noter que de plus en plus on trouve parmi les immigrants de petits capitalistes et cela ne laisse pas que d'être avantageux pour le pays. La variété des immigrants fait la variété de leurs aptitudes. Les Italiens, presque tous de l'Italie du Nord, sont très appréciés ; ils sont considérés comme des travailleurs robustes et font preuve de sobriété et d'endurance ; l'on ne saurait croire les économies qu'ils arrivent à réaliser sou par sou et qu'ils envoient aux Caisses d'Épargne italiennes ; la plupart sont ouvriers agricoles, les autres trouvent dans les villes de faciles débouchés comme terrassiers, maçons, manœuvres, etc. Beaucoup arrivent à monter de petits commerces où ils vendent des produits de leur pays. Ils sont très protégés d'ailleurs par la Mère Patrie et les œuvres de charité et d'assistance créées par leur Gouvernement sont nombreuses. Il arrive que des immigrants italiens enrichis parviennent à créer des entreprises industrielles ou commerciales ou à monter des banques. Les Italiens qui viennent en Argentine périodiquement pour la moisson forment une catégorie spéciale; ils arrivent généralement en novembre pour repartir en février après avoir amassé un petit pécule.

Les immigrants espagnols sont presque tous de la Galice; ils passent pour honnêtes et remplissent souvent les fonctions de la domesticité. Beaucoup sont cependant ouvriers agricoles, manœuvres ou même petits commerçants débitant les produits de leur pays.

Les Français sont relativement nombreux en Argentine; à Buenos-Ayres même, l'on n'en compte pas moins de 35000, encore faut-il remarquer que ces statistiques ne comptent pas les fils de Français nés dans le pays, bien que la France continue à les considérer comme ses citoyens. L'immigration française n'a guère commencé à prendre de l'importance qu'après la chute du dictateur Rosas en 1852, l'arrivée au pouvoir d'un Gouvernement plus sympathique à la France et les événements du coup d'État du 2 décembre eurent pour résultat de diriger vers l'Argentine nombre de nos compatriotes.

Bien des avocats, des médecins, des ingénieurs qui étaient inquiétés pour leurs opinions politiques n'hésitèrent pas à s'embarquer sans esprit de retour pour la jeune République. On observe un peu plus tard un fort courant d'immigration basque qui ne fera que se développer et fournira d'excellents artisans et d'habiles ouvriers. L'Auvergne, la Savoie, le Poitou sont parmi les autres provinces celles qui fournirent le plus d'immigrants. De nos jours, une moyenne de 3 000 Français s'expatrient pour aller s'établir en Argentine. L'on remarque depuis quelques années, une déviation dans le caractère de l'immigration française; alors qu'autrefois les classes pauvres étaient à peu près les seules à émigrer, bien des fils de famille partent aujourd'hui avec l'intention de se lancer dans l'industrie et le commerce; ce fait est certes des plus favorables à l'influence française. Nos nationaux ont d'ailleurs rendu à l'Argentine des services considérables; ceux qui y tiennent dans les arts et l'enseignement une place prépondérante ne sont plus à compter, ils ont contribué avec ceux qui occupent des fonctions officielles à répandre la culture et le goût français. D'autres ont en qualité d'ingénieurs dirigé l'exécution d'importants travaux d'art, tel le barrage de San-Roque. Beaucoup d'entre eux dirigent avec le plus grand succès des entreprises industrielles ou agricoles et le pays leur doit beaucoup pour le perfectionnement des méthodes de culture et pour l'amélioration des races animales. Parmi eux cependant, les Basques forment les meilleurs colons; ils se font remarquer par leur vigueur physique, leur intelligence des plus actives, leur endurance au travail, leur facilité d'assimilation ; ils acceptent n'importe quelle besogne à leur arrivée; ils parviennent rapidement à l'aisance et l'on se plaît à citer l'exemple de Pedro Luro qui, arrivé en 1837 à Buenos-Ayres avec quelques sous, mourut en laissant plus de 50 millions de fortune.

Les Anglais ne sont pas très répandus en République Argentine; leur nombre était en 1909 de 33 891 ; on les rencontre surtout parmi la classe moyenne s'occupant d'affaires ou employés dans les administrations publiques. Ils vivent à part dans leur quartier de Belgrano et ne se mêlent pas volontiers aux autres éléments de la population.

La colonie allemande est numériquement plus importante, 43 320 sujets en 1909; elle se compose en majeure partie d'industriels et de commerçants. Les Allemands, de même que les Anglais, ont leur quartier, leurs clubs, leurs écoles; ils se mêlent plus que ces derniers à la vie locale. Depuis quelques années, ils concurrencient les Anglais avec succès dans bien des branches du commerce et de l'industrie. Les mariages entre Allemands et Argentins sont assez fréquents.

Un fort courant d'immigrations russe et syrienne se remarque depuis quelques années; l'on comptait, en 1911, 9713 Russes contre 13 605 Syriens. L'immense majorité de ces émigrants arrive dans un état de profonde misère et sans profession bien définie; la plupart seuls, sans famille; dans ces conditions, l'on est en droit de se demander si l'Argentine doit se féliciter de la recrudescence de ce mouvement. Il faut cependant reconnaître que quelques Russes forment d'assez bons ouvriers agricoles, encore n'est-ce là qu'une exception.

Quant aux Syriens, ils n'acceptent que difficilement ce genre de travaux et n'y apportent aucun zèle ; il est à craindre qu'une telle immigration n'arrive un jour à créer une lourde charge pour le pays. Une place spéciale doit être réservée à la colonie russe israélite fondée en 1891 par le baron Hirsch sous le nom de : Jewish Association Colonisation, dans le but d'offrir un refuge aux juifs moscovites en butte aux vexations de l'administration russe. Cette association possède dans la province d'Entre-Rios un immense domaine de plus de 245 000 hectares ; son ambition est d'atteindre le fleuve Uruguay pour y établir un port ; elle procure aux émigrés qu'elle a attirés vivres, semences, machines agricoles. Elle leur permet de devenir au bout d'un certain temps propriétaires des terres qu'ils cultivent et cela, moyennant des versements annuels. L'idée du baron Hirsch ne manquait ni de générosité, ni de sens pratique ; les agissements de ses successeurs laissent supposer que ses conceptions ont été tant soit peu faussées. L'association impose aux immigrants des contrats si onéreux qu'il leur est quasi impossible de devenir jamais propriétaires. Du reste, là comme ailleurs, les israélites ne se livrent pas volontiers aux travaux agricoles (1), leurs préférences vont toujours au commerce et à la spéculation.

De sévères mesures sont prises par le Gouvernement argentin afin de s'assurer que les immigrants répondent bien à toutes les conditions requises par la loi et les règlements ; en conséquence, chaque navire d'immigrants est soumis à son arrivée au contrôle d'une commission d'hygiène et de salubrité. Cette commission comprend : le visiteur ou inspecteur d'immigration, le médecin du service de santé et l'officier de la préfecture maritime ; elle examine avec le plus grand soin si le paquebot ne renferme pas de malades contagieux et recueille les protestations et plaintes des passagers au sujet des mauvais traitements dont ils peuvent avoir été l'objet pendant la traversée. Les arrivants sont ensuite classés en deux catégories : ceux qui acceptent le bénéfice de la loi et ceux qui le refusent ; les premiers, leurs passeports timbrés, sont conduits

(1) Walle, p. 84.

à l'hôtel des immigrants; cet immeuble nouvellement construit est, sans être luxueux, des plus confortables. Ses proportions sont grandioses, ses salles à manger peuvent contenir un millier de convives. Il met à la disposition de ses hôtes d'immenses dortoirs pour les deux sexes, des infirmeries, des salles de lecture, des salles de bains et une succursale de la Banque de la Nation où peuvent s'effectuer les opérations de change. De grands jardins l'entourent qui descendent jusqu'aux rives du Rio de la Plata. Pendant cinq jours, les immigrants ont le logement gratuit; ce délai est prolongé en cas de maladie et à cette occasion ils ont droit à l'assistance des médecins et des infirmiers.

La direction d'immigration a comme annexe un bureau national du travail, qui reçoit les offres d'emploi et se charge de placer les immigrants. Il leur donne tous renseignements nécessaires sur les situations vacantes et les salaires qu'elles comportent. Ce bureau se charge même de rechercher lui-même des emplois relatifs à la profession des immigrants si aucune offre n'existe qui y corresponde;

ces recherches sont effectuées dans les usines ou établissements industriels de la capitale et au besoin même dans l'intérieur du pays. S'ils doivent se rendre à l'intérieur de la République, des agents spéciaux accompagnent les immigrants et les entourent de la plus grande sollicitude ; leur transport est gratuit. Toutes ces dispositions résultent de la loi d'immigration et de colonisation de 1876. Cette loi autorise la franchise des droits de douane en ce qui concerne les objets de première utilité de chaque émigrant : vêtements, meubles de service domestique, instruments aratoires, outils nécessaires à l'exercice de la profession, plus une arme de chasse pour chaque adulte ; ceci à concurrence de la valeur que fixe le pouvoir exécutif. Les immigrants se rendant dans les provinces bénéficient à peu près des mêmes avantages ; un commissaire de la commission auxiliaire les attend à la gare, ils sont pendant 10 jours logés et nourris gratuitement en attendant de prendre leur destination définitive. Cette loi de 1876 est extrêmement large ; il est de toute évidence qu'elle a cherché à encourager l'immigration dans la plus large mesure, et cependant, bien que le besoin de la main-d'œuvre se fasse sentir de plus en plus pressant, tout le monde en Argentine reconnait que sur certains points elle a besoin d'être réformée. A côté d'excellents travailleurs, on trouve parmi les nouveaux arrivants trop d'agitateurs imbus d'idées révolutionnaires et qui arrivent parfois à semer le désordre dans les milieux les plus tranquilles. Des grèves ont éclaté dernièrement à Buenos-Ayres et dans plusieurs grandes villes; ces faits font sentir le besoin de doter le pays d'une législation semblable à celle des États-Unis sur les « indésirables ». Le Gouvernement a soumis, il y a quelques mois, au Congrès un projet qui tendrait à débarrasser le pays des éléments perturbateurs. En voici les grandes lignes : l'accès du territoire serait interdit aux catégories suivantes d'étrangers (1) : idiots, fous, épileptiques, personnes atteintes de maladies contagieuses, condamnés ou prévenus de droit commun, polygames, femmes de mauvaises mœurs, personnes assayant de les

(1) GARZON, p. 222.

introduire, individus traitant des affaires ou exerçant des professions immorales, anarchistes et ceux qui préconisent l'assassinat des fonctionnaires publics, l'emploi des explosifs ou de la force pour empêcher l'exécution des lois ou des dispositions légales, ainsi que l'exercice des droits individuels. A supposer que quelqu'un de ces individus ait pénétré sur le territoire de la République, il en serait expulsé et ne pourrait y rentrer tant que l'arrêté d'expulsion n'aurait pas été rapporté.

Visiblement inspiré de la législation canadienne et de celle des États-Unis, ce projet une fois voté est appelé à rendre au pays d'incontestables services en le débarrassant d'une foule d'éléments nuisibles aussi bien au point de vue sanitaire que pour la moralité et la sécurité; on ne peut que souhaiter son adoption prochaine. Mais les pouvoirs publics ne semblent pas s'en tenir là; ils envisagent la question de plus haut et estiment qu'écarter les mauvais ne suffit pas, il faut encore encourager les bons; de là sont nés bien des projets ayant pour but l'amélioration du personnel de la police, l'augmentation de son traitement et sa dotation de retraites proportionnelles; ils tendent également à développer chez les ouvriers l'esprit d'entreprise par les associations coopératives en leur facilitant les moyens d'acquérir des maisons et des terrains par paiements mensuels. La municipalité de Buenos-Ayres de son côté, animée du désir d'améliorer la condition des ouvriers, a mis à l'étude un projet de nouvelles habitations ouvrières, lesquelles seraient aménagées avec toute la propreté et le confort désirables. Le Gouvernement ne peut qu'être loué de son attitude; il y a, en effet, le plus grand intérêt à attirer et retenir dans le pays une main-d'œuvre honnête et travailleuse, car le problème de la main-d'œuvre se pose là-bas d'une façon constante. Il est indiscutable que l'immigration étrangère avec sa moyenne annuelle de 250 000 individus ne suffit pas aux besoins du pays. La rareté de la main-d'œuvre est la cause pour laquelle l'élevage ne donne pas encore tous les résultats qu'on serait en droit d'en attendre; c'est également pour cela que plusieurs millions d'hectares attendent encore d'être livrés à la culture; que le domaine forestier est incomplètement exploité; que les gisements miniers, si abondants daas la région des Andes, et dont la richesse ne peut être contestée, demeurent pour la plupart abandonnés. Il est bien entendu que les capitaux sont encore loin d'être en nombre suffisant pour la réalisation de toutes ces entreprises ; mais à supposer qu'ils le soient — et de plus en plus il est permis d'espérer qu'ils le seront rapidement — le problème de la main-d'œuvre ne fera que se poser de façon plus angoissante encore. Un accroissement de la population est donc par-dessus tout désirable ; or, il est impossible de l'attendre du jeu naturel des naissances, ces dernières l'emportent cependant du double sur le nombre des décès; mais le pays grandit si vite que c'est insuffisant et l'immigration est le seul remède. Sans doute, l'État sera alors entraîné à des dépenses considérables. Sans doute, il deviendra nécessaire de bâtir des écoles, d'ouvrir des hôpitaux, des hospices, des asiles ! Mais bien des particuliers sauront faciliter la tâche en développant le réseau des Chemins de fer, en créant des Banques et se donneront à cœur de seconder dans son rôle l'État qui s'efforce de mettre sa nation à la hauteur de la situation nouvelle. Les dépenses qui seront faites alors ne resteront pas improductives, puisqu'elles tendront à développer encore la prospérité du pays. Une objection ne manquera pas de se présenter aux yeux des personnes averties qui pourraient penser que le développement de la population entraînant une augmentation dans la consommation intérieure entraverait d'une façon sensible l'essor grandissant de l'exportation ; cette objection n'a cependant pas la portée qu'on pourrait lui attribuer à première vue. Il suffit de songer à la colossale étendue de territoire qu'il faut encore mettre en valeur et ne pas oublier que le mode d'exploitation des terres n'est encore actuellement que la culture extensive. Ces terres n'ont qu'un rendement à peine de la moitié de celui obtenu en France et en Angleterre. Ce rendement avec une culture intensive et scientifique devra être plus que doublé et l'exportation n'aura aucune raison de diminuer, bien au contraire. Et même devrait-on supposer qu'un jour, par suite de l'augmentation toujours croissante de la population, il devienne difficile au pays d'exporter, il n'en résultera pas pour cela une diminution de la richesse nationale; le splendide avenir des États-Unis deviendra alors une réalité pour l'Argentine et personne n'ignore combien ce pays est gêné dans son exportation par sa consommation intérieure.

Pourquoi l'Argentine ne deviendrait-elle pas un pays de plus en plus industriel? Elle a pour cela de formidables chutes d'eau et d'incontestables richesses houillères; et alors, au lieu d'expédier au loin ses richesses naturelles, celles dont la consommation ne pourrait avoir lieu sur place seraient transformées en produits manufacturés pour lesquels le pays est aujourd'hui tributaire de l'étranger.

L'on se rend compte alors combien pourrait être grand le développement du bien-être général et combien pourrait être énorme l'accroissement des richesses.

CHAPITRE IV

Travaux publics nécessités par une population de plus en plus dense. — Ports. — Chemins de fer. — Ce qui reste à faire. — Les travaux à l'étude.

S'il fallait énumérer les grands travaux exécutés en Argentine depuis 10 ans, le cadre de cette étude serait incontestablement trop étroit; il est cependant utile de s'arrêter aux plus importants qui fourniront la preuve matérielle de l'essor industriel et commercial qu'a pris le pays.

L'Argentine est arrivée à un tournant de son histoire où elle sent le besoin impérieux de développer son commerce et son agriculture ; sa population augmente sensiblement tous les ans par suite de l'excédent des naissances ou de l'immigration ; comme conséquence de cet état de choses, les pouvoirs publics ont compris que leur devoir était de ne reculer devant aucun sacrifice pécuniaire pour faire face aux besoins nouveaux qui se font sentir et il faut reconnaître que, depuis quelques années, le Gouvernement fédéral a fait dans ce sens œuvre utile et patriotique. Les grands travaux entrepris jusqu'à ce jour ont trait au développement des voies de communication et en particulier des Chemins de Fer, à la construction ou à l'agrandissement des ports, à l'utilisation des rivières, à la salubrité publique, à l'érection des édifices devenus indispensables au développement et au fonctionnement de tous les nouveaux services. En laissant de côté pour le moment la question des voies de communication et des ports à laquelle un développement un peu plus considérable sera donné, il va nous être possible de jeter de suite un coup d'œil sur le reste des travaux intéressants.

Utilisation des rivières. — L'emploi des cours d'eau peut être très divers, il peuvent être utilisés pour les besoins de l'agriculture, comme force motrice ou pour les nécessités de l'industrie. A l'égard des voies fluviales peu de pays sont aussi bien favorisés que la République Argentine. Outre ses grands fleuves : le Rio de la Plata, le Parana, le Paraguay, le Rio Negro, le Rio Colorado, elle posséde beaucoup de rivières moins importantes qui prennent leur source dans la Cordillère des Andes et dont les eaux, à peu près improductives jusqu'à ce jour, pourront rendre d'inestimables services lorsqu'elles seront utilisées. Il semble enfantin d'insister sur le rôle que peut jouer l'eau dans l'agriculture en un pays exposé comme l'Argentine à des années de sécheresse et l'on conçoit sans peine qu'elle peut aussi servir à fertiliser des régions incultes, et augmenter considérablement la valeur productive des terres déjà naturellement fécondes. L'essentiel est de savoir l'utiliser. Il a été exécuté à cet égard en Argentine des travaux grandioses et les dépenses qu'ils ont entraînées ont été largement compensées par la plus-value qu'ils ont donnée au sol. Plusieurs barrages de grande importance ont été construits, notamment dans les provinces du Centre situées au pied des Andes, particulièrement Cordoba et Mendoza. La province de

Cordoba possède un des ouvrages hydrauliques les plus remarquables de l'Amérique du Sud; c'est en même temps l'un des plus grands du monde; il s'agit de la fameuse digue San-Roque. Cette digue a une longueur totale de 149 mètres, elle est large de 5 mètres au sommet, de $29^{m},70$ à la base, de 50 mètres aux fondations, sa hauteur totale est de 37 mètres; elle a été construite sur le Rio Promera, à l'un des endroits où il se resserre. Le réservoir San-Roque forme un vaste lac artificiel, et occupe toute une vallée; sa capacité n'est pas inférieure à 260 millions de mètres cubes d'eau. La barrière construite pour retenir cette énorme masse liquide représente 50 000 mètres cubes de maçonnerie. Ce travail de titan a été exécuté par deux ingénieurs français, MM. Casaffousth et Dumesnil. Un autre bassin appelé bassin du Mal Paso le complète, il se trouve situé à 13 kilomètres en aval du premier et sert de distributeur. Deux canaux s'en détachent, celui du Nord et celui du Sud, qui donnent eux-mêmes naissance à une infinité de petites artères secondaires servant à l'arrosage des terres. La surface ainsi irriguée est évaluée à 130 000 hectares. Il est incontestable qu'elle pourrait être beaucoup plus étendue. L'effet bienfaisant de cette organisation fut prodigieux. Les terres augmentèrent considérablement de valeur et les luzernières prirent immédiatement une grande extension; elles donnent aujourd'hui jusqu'à six coupes par an. On songe à installer dans le pays une culture intensive de fruits et de légumes (1). Dans la province de Mendoza, les travaux d'irrigation se sont également multipliés, la culture de la vigne et des fruits en est devenue par là même plus florissante encore. Le Gouvernement n'a certes pas l'intention de s'arrêter en aussi bonne voie et il vient de signer avec la Compagnie des grands travaux de Marseille un contrat de plusieurs millions pour l'exécution des travaux d'irrigation des rivières Diamante et Atuel.

Chutes d'eau. — Les chutes d'eau se rencontrent en très grand nombre dans les régions du Haut Parana, aussi bien que dans celles des Andes et il n'est pas douteux qu'elles ne soient

(1) HURET. *De la Plata*, p. 145.

appelées à rendre dans un avenir prochain des services considérables. Il a déjà été question de la célèbre chute de l'Iguazu, la rivale du Niagara, dont la force peut être évaluée à un million de chevaux d'après les calculs les plus modérés ; elle n'est pas unique et bien d'autres, quoique de moindre importance, pourraient être utilisées, car peu de contrées sont aussi bien partagées sous ce rapport que la Jeune République. Afin de se rendre compte de ce que pourrait être l'utilisation de ces forces, il n'y a qu'à regarder les résultats auxquels on est parvenu en Europe et dans l'Amérique du Nord. En France, le Jura et les Alpes ont été transformés par la houille blanche ; usines, centres industriels, éclairage électrique en sont la conséquence. En Norvège, cascades et chutes d'eau ont décuplé la valeur des régions où elles ont été utilisées ; à Nottoden, entre autres, il a été construit une usine de 150 000 chevaux pour la fabrication des nitrates de chaux ; les résultats sont si satisfaisants que l'on songe à en créer une seconde. En Amérique du Nord, les chutes du Niagara, dont une infime partie seulement est utilisée, fournissent la lumière aux villes américaines et canadiennes du voisinage ; elles alimentent en outre nombre d'usines électro-chimiques, maintes fabriques de chlorure et carbure de calcium, soude et potasse (1).

L'Argentine ne saurait être incriminée de n'avoir pas encore songé à utiliser toutes ses richesses ; ce n'est certes pas l'initiative qui lui manque, mais il faut penser que son développement si remarquable ne remonte en somme qu'à quelques années ; la question industrielle ne l'a pas encore préoccupée ; elle est restée absorbée jusqu'ici par l'élevage et l'agriculture, mais la force même des choses et son propre intérêt l'amèneront certainement bientôt à envisager la possibilité de créer des industries locales et il est certain que, ce jour-là, elle songera d'abord à utiliser ses chutes d'eau avant même que de penser à l'exploitation de ses mines de houille, l'intérêt même de l'agriculture l'y poussera, la culture intensive où elle sera fatalement forcée d'aboutir saura l'y décider ; les usines électro-chimiques fourniront alors les

(1) HURET. *Buenos-Ayres au Grand-Chaco*, p. 387.

nitrates pour l'engrais des terres. Les chemins de fer pourront tirer également leur profit de l'utilisation des chutes ainsi que l'éclairage des villes et villages, mais l'application la plus importante de cette énergie sera sans contredit l'exploitation des forêts qui donne déjà une rémunération des plus appréciables, et le jour où des scieries modernes débitant le bois en quantités considérables seront installées, l'exploitation des forêts argentines prendra certainement un nouvel et colossal essor et il est certain que des industries auxquelles le pays ne songe pas encore ne tarderont pas à se créer ; l'Argentine pourra alors se passer d'être tributaire de l'Europe ou de ses voisins du Nord pour un grand nombre de produits manufacturés.

Salubrité publique. — L'accroissement incessant de la population, l'intensité de l'immigration ont amené les pouvoirs publics à se préoccuper de plus en plus de la question de l'hygiène; la capitale a été dans ce sens l'objet de la sollicitude particulière du Gouvernement. Il y a peu de temps encore, les rues de Buenos-

Ayres n'étaient pour la plupart pas pavées et se trouvaient transformées par la pluie en véritables torrents de boue, les trottoirs étaient en bois et d'un mètre de haut environ; ils étaient reliés entre eux aux carrefours au moyen de ponts mobiles; il n'existait ni égouts, ni distribution d'eau; l'eau des citernes était seule utilisée; les rues à peine éclairées le soir obligeaient l'habitant à sortir une lanterne à la main. Tout cela est bien changé aujourd'hui et tel qui aurait quitté Buenos-Ayres à cette époque et y retournerait maintenant, hésiterait à reconnaître la même ville dans la luxueuse cité qui se présenterait à ses yeux. De confortables et vastes constructions ont remplacé les habitations espagnoles qui ne comprenaient qu'un simple rez-de-chaussée; la ville est entièrement pavée; de magnifiques parcs ont été établis, d'autres sont à l'étude; de spacieuses avenues ont été percées et il est question d'entourer la ville d'un boulevard de circonvallation d'une largeur de 100 mètres. L'eau est distribuée à profusion dans toutes les maisons; les lignes de tramways ne suffisent plus à l'affluence des voyageurs et il est question de construire un métropolitain; le projet en est voté et la concession accordée aux Compagnies de tramways; de nouvelles voies restent encore à percer dans les quartiers du centre où la circulation intense due au mouvement des affaires est souvent une cause d'encombrement. Plusieurs belles avenues rappellent nos grandes voies de Paris, entre autres l'avenue de Mai et celles de Callao, Florida, bordées de très beaux magasins de luxe; certains quartiers ont pris l'allure aristocratique du West End de Londres. Le parc de Palermo de 270 hectares est le rendez-vous de la société élégante, il rappelle en petit par sa disposition notre incomparable Bois de Boulogne (1).

Hôpitaux et œuvres philanthropiques. — Les services de l'Assistance Publique sont remarquablement organisés dans toute la République, mais ceux de sa capitale méritent une mention spéciale. Les hôpitaux y sont incomparables par la perfection de leur installation et leur propreté exemplaire; leur administra-

(1) Huret. *Buenos-Ayres au Grand-Chaco*, p. 34.

tion est confiée à la Municipalité; beaucoup dépendent cependant d'œuvres d'assistance privée. L'un des plus beaux est l'hôpital de Rivadaxia, appartenant à la Société de Bienfaisance fondée en 1823 par le célèbre homme d'État de ce nom; cet hôpital, spécialement destiné aux femmes, est un modèle du genre, les malades y ont à leur disposition une bibliothèque fort bien garnie, une salle de théâtre, un orgue électrique. La même Société a fondé un hôpital pour les démentes, un autre pour les enfants trouvés, un pour les enfants malades, un pour les scrofuleux et un à Mar-de-Plata, pour les tuberculeux. Ces œuvres sont subventionnées par l'État et alimentées par les dons des particuliers. La population de Buenos-Ayres est très généreuse, et les collectes que font les dames du Comité de charité sont toujours très fructueuses. C'est grâce aux progrès réalisés par l'Assistance Publique que l'état sanitaire de Buenos-Ayres s'améliore journellement; alors que de 1880 à 1890 le nombre des décès s'élevait à 28 pour 1000, il est maintenant seulement de 16 pour 1 000; voici, à titre de comparaison, la moyenne annuelle de la mortalité dans les principales villes du globe :

Berlin........	14,8 pour 1000	
Londres......	15,1	—
Vienne.. ...	17,5	—
Paris........	18,6	—
New-York....	18,6	—
Madrid......	27,5	—

Les autres villes argentines se montrent également soucieuses de l'état de santé de leurs habitants et ne reculent devant aucun sacrifice pour améliorer leur service d'assistance (1)..

Instruction publique. — Le gouvernement s'est attaché depuis quelques années à former des générations instruites; il a institué un programme d'instruction publique qui comprend comme en France les enseignements primaire, secondaire et supérieur. Le principe de l'obligation de l'enseignement primaire est admis sans distinction de nationalité ni de religion; cet enseignement est gratuit et généralement donné par des prêtres; l'instruction

(1) Walle, p. 20.

religieuse se fait seulement sur demande et en dehors des heures de classe; à côté de ces écoles primaires destinées aux enfants de 6 à 14 ans, il en existe d'autres où les personnes qui ont dépassé cet âge peuvent apprendre à lire, écrire, compter, etc.... L'enseignement secondaire se donne dans des écoles nationales qui sont au nombre de 4 à Buenos-Ayres et d'une dans chacune des capitales des provinces. Le programme de leurs études présente de grandes analogies avec celui de nos lycées de France. Une rétribution très modique est exigée des parents. L'enseignement supérieur est reçu dans les universités, qui sont au nombre de 3, dont la plus ancienne est celle de Cordoba, les 2 autres sont celles de Buenos-Ayres et celle de la Plata, chacune d'elles renferme trois facultés : Lettres, Sciences, Médecine. De nombreuses écoles spéciales et techniques ont été créées, parmi lesquelles : l'École industrielle, l'École des Mines de San-Juan, l'École agraire et vétérinaire de Santa-Catalina, les Écoles de commerce de Cordoba et de Bahia-Blanca, l'École de viticulture de Mendoza, une École nationale de dessin, plusieurs Écoles d'agriculture et d'horticulture, les Écoles Normales pour instituteurs des deux sexes., etc., une École militaire et une École navale destinées au recrutement des officiers de terre et de mer. La plupart de ces écoles sont neuves et forment de véritables monuments; elles sont presque toujours entourées de vastes jardins et aménagées avec tout le confort moderne. Le gouvernement ne s'est pas seulement imposé des sacrifices considérables pour le développement de l'enseignement; il encourage également les études supérieures en instituant chaque année des bourses de voyage qui permettent aux étudiants d'aller achever leur éducation en Angleterre, en Allemagne ou en France; les sommes consacrées annuellement à cet usage atteignent près de 5 millions de francs (1).

Édifices publics. — La capitale des États fédérés de la République est située sur la rive droite du Rio de la Plata, dont la largeur en

(1) Garzon, p. 319.

cet endroit est de 45 kilomètres et à 275 kilomètres de l'embouchure du fleuve. Sa superficie est de 18 854 hectares, soit près de deux fois et demie plus grande que Paris et près de trois fois comme Berlin; elle est en revanche plus petite que Londres qui s'étend sur une surface de 30 476 hectares et que New-York qui en occupe 76 347. Sa population de 177 000 habitants en 1869 atteint aujourd'hui plus de 1 400 000; la moitié seulement de cette population est composée d'Argentins, l'autre partie est formée d'éléments étrangers où l'on rencontre surtout des Italiens et des Espagnols; toutes les nationalités y sont du reste plus ou moins représentées. La plus grande partie de la ville est bâtie par blocs carrés suivant le système nord-américain, les rues sont en général étroites, les avenues, au contraire, sont nombreuses et larges, la principale est l'avenue de Mayo qui a un kilomètre et demi de longueur et est bordée de maisons magnifiques; elle se termine par la place de Mayo, sur laquelle se trouve la cathédrale, le Palais du Gouvernement et l'Intendance militaire. Cette place est ornée de jardins et bordée de platanes; à l'une de ses extrémités, on trouve le Palais du Congrès surmonté de dômes et dont la construction n'est pas encore tout à fait achevée. On peut encore citer les boulevards d'Entre-Rios et de Callao, ceux Corrientes, de San-Juan, de Santa-Fé, de Belgrano, la rue Florida, l'avenue Alvear. Toutes ces grandes artères sont très animées, admirablement éclairées et le plus souvent bordées de luxueux magasins et de cafés aux lumières étincelantes. Une visite des plus intéressantes est celle de l'Entrepôt des marchandises situé à quelque distance du centre de la ville. Cet immense bâtiment en briques rouges occupe une surface énorme; il sert d'entrepôt pour les cuirs et la laine de tout le pays; le rez-de-chaussée est réservé aux peaux brutes; il est sillonné d'un véritable réseau de voies ferrées et l'on est frappé par l'amoncellement de toisons muticolores qui forment de gigantesques pyramides. Les bâtiments supérieurs sont remplis de la laine provenant de la tonte des moutons; elle forme de véritables montagnes amoncelées à l'aide de grues hydrauliques qui déchargent directement les wagons; une fois expertisée et échantillonnée par les négociants et les courtiers, la laine est acheminée par wagonnets dans les magasins particuliers, puis portée jusqu'à la presse hydraulique qui la comprime en une balle compacte et solide; on la recouvre ensuite d'une enveloppe de toile et elle est prête à être expédiée (1).

De grands travaux sont projetés à Buenos-Ayres. Afin de donner de l'air à la ville, qui étouffe entre ses rues trop étroites, la création de larges avenues allant en diagonale du Nord au Sud a été décidée; un crédit de 200 millions a été voté dans ce but; l'élargissement d'un certain nombre de rues est également à l'étude. Un crédit de 20 millions est prévu pour la construction d'un nouvel hôtel des postes et d'un Palais de Justice. De nombreux musées ornent la ville, qui n'a rien à envier à ce point de vue aux grandes capitales européennes. Parmi ces temples de l'art, il importe de citer, outre le Musée d'Histoire naturelle, le Musée National, qui se compose de 19 salles con-

(1) Kœbel, p. 33.

sacrées à la peinture, sculpture, gravure et lithographie; le Musée historique national présente un caractère nettement patriotique; le Musée des produits nationaux intéresse surtout les produits industriels. Parmi les bibliothèques, il convient de mentionner la Bibliothèque Nationale avec ses 180 000 volumes, la Bibliothèque du Général Mitre, installée dans la maison où est décédé ce grand personnage argentin, rue San-Martin; 366; les journaux, la *Prensa* et la *Nacion* ont fondé plusieurs bibliothèques.

Chemins de fer. — Le développement des chemins de fer a été l'un des principaux agents du développement économique colossal de l'Argentine; ils ont eu pour résultats de donner un essor nouveau aux richesses naturelles du pays et si l'agriculture et l'élevage occupent aujourd'hui une place si importante dans le commerce mondial, c'est grâce aux voies ferrées qu'ils le doivent. Par les chemins de fer, les terres nouvelles ont été fertilisées, la pampa a été transformée, le mouvement de colonisation s'est accru considérablement, les provinces les plus lointaines ont connu l'activité; ce sont eux qui seront pour de longues années encore les principaux agents de peuplement et ils continueront le rôle civilisateur qu'ils ont si brillamment commencé.

La première concession accordée par le Gouvernement de Buenos-Ayres remonte à 1854; elle ne dépassait pas une vingtaine de kilomètres ; en 1872, le réseau ferré s'étend à 930 kilomètres; en 1880, il est de 2516 kilomètres; aujourd'hui, il atteint 30000 kilomètres. Les provinces qui bénéficient le plus des chemins de fer sont celles dont l'agriculture est le plus prospère, c'est-à-dire celles de Buenos-Ayres, de Santa-Fé et de Cordoba; le réseau ferré est également important dans le territoire de la Pampa. A l'heure actuelle, l'Argentine occupe le huitième rang dans le monde par l'importance de son réseau; les quelques chiffres suivants nous le prouvent :

	Longueur kilométrique.
États-Unis	325 777
Allemagne	61 936
Russie	61 078
France	50 232
Indes anglaises	41 317

	Longueur kilométrique.
Autriche-Hongrie.....	44 280
Grande-Bretagne.....	37 649
Argentine............	31 000 y compris les voies en construction.
Canada..............	30 358
Australie....	24 667
Mexique............	17 756

L'Argentine arrive en tête de tous les États sud-américains, c'est ainsi que le Brésil ne compte que 14798 kilomètres de voies ferrées; la progression que l'on remarque dans l'extension des lignes existe également dans le nombre de voyageurs et les tonnes de marchandises transportés.

Années.	Voyageurs transportés.
1857	56 190
1870	1 948 585
1880	2 751 570
1885	5 587 299
1890	10 069 606
1895	14 573 037
1900	18 296 422
1905	26 636 211
1910	59 711 462
1911	64 402 135

Années.	Tonnes de marchandises transportées.
1857	2 257
1870	247 501
1880	772 717
1885	3 050 408

Années.	Tonnes de marchandises transportées.
1890	5 420 782
1895	9 650 272
1900	12 659 831
1905	22 409 995
1910	33 606 626
1911	33 509 555

Les recettes ont atteint les chiffres suivants

Années.	Recettes totales en piastres or.
1857	19 185
1870	2 502 569
1880	6 560 417
1885	14 298 681
1890	26 490 042
1895	26 394 306
1900	41 401 348
1905	71 594 919
1910	110 941 406
1911	117 271 100

Les principales compagnies argentines sont : le Chemin de fer de Buenos-Ayres au Pacifique, le Chemin de fer du Sud, l'Argentin Central, le Buenos-Ayres Rosario, le Cordoba Central, l'Ouest de Buenos-Ayres, l'Ouest Argentin et la ligne Transandine. Une mention particulière doit être réservée au Chemin de fer de Buenos-Ayres au Pacifique ; cette ligne, complétée par l'Ouest argentin, par la Transandine et les Chemins de fer Chiliens, est un grand trait d'union entre l'Atlantique et le Pacifique. Son itinéraire est le suivant : Villa Mercédès, San-Luis et Mendoza. Le continent est traversé par cette voie en ligne droite.

Le Chemin de fer du Sud, qui dessert toute la partie orientale de la province de Buenos-Ayres, posséde en outre une ligne très importante reliant Bahia-Blanca à Neuquen. Tous les voyageurs sont d'accord pour reconnaître que les chemins de fer argentins possèdent un très bon matériel au moins égal à celui de notre vieille Europe. Les wagons de voyageurs comprennent des restaurants, des salles de bain; rien n'y manque de ce qui peut assurer le confort et rendre plus courts les trajets assez considérables que l'on peut être appelé à faire. Le transport des marchandises est parfaitement assuré par des wagons de grandes dimensions qui contiennent jusqu'à 40 tonnes de blé. Les compagnies rivalisent de zèle et tiennent à honneur de prendre leurs dispositions pour que les agriculteurs et les éleveurs aient toujours le matériel suffisant à leurs besoins. Toutes les voies ferrées de la République aboutissent à la capitale; les gares les plus importantes sont celles du Chemin de fer du Sud et celle du Retiro qui dessert à la fois la ligne de Buenos-Ayres au Pacifique et celle de l'Argentin Central. Il est à remarquer qu'aucune des nombreuses gares de Buenos-Ayres n'est distante de plus de 2 milles du centre de la ville. Le réseau argentin se compose de trois types de voies ferrées : les Chemins de fer à voie large dont la longueur kilométrique atteignait 11 217 kilomètres, au 1er janvier 1911; les Chemins de fer à voie moyenne et les Chemins de fer à voie étroite. La plupart des Compagnies du pays sont exploitées par des Sociétés anglaises et cela s'explique si l'on se rend compte que les Anglais sont les maîtres incontestés du marché financier argentin; ils ont prêté des sommes considérables au Gouvernement à des époques où les autres pays, dont la France, n'osaient exposer leur capitaux en présence des révolutions et des difficultés intérieures. Des avances très importantes ont été consenties par eux aux industriels, commerçants et agriculteurs ; ils ont tiré des avantages bien mérités de cette politique habile, car non seulement ils obtiennent de gros intérêts des entreprises qu'ils commanditent, mais ils ont obtenu du Gouvernement toutes les concessions de voies ferrées qu'ils ont sollicitées et cela dans les conditions les plus favorables ; c'est ainsi que le Gouvernement leur a assuré des garanties d'intérêt, qu'il leur a abandonné d'appréciables étendues de terrains le long des lignes qu'ils projetaient de construire et qu'il les a exonérés de tous droits de douane sur le matériel de construction : aussi n'y a-t-il rien d'étonnant de voir à l'heure actuelle les lignes les plus importantes entre les mains des Anglais qui ont été les plus hardis ; ils sont propriétaires de la Compagnie du Sud, du Central Argentin, du Pacifique, du Nord-Est, et de quelques autres lignes secondaires, les deux tiers du réseau leur appartiennent et leur propriété comprend les lignes au trafic le plus intense. En présence des résultats qu'ils ont obtenus, il faut cependant envisager que les capitaux qu'ils ont engagés dans ces entreprises dépassent 4 milliards de francs. Qu'avons-nous fait, nous autres Français, pendant que nos voisins mettaient ainsi la main, grâce à leur activité et à leur esprit d'initiative, sur un pays si colossalement riche? Nous avons timidement risqué 4 ou 500 millions et nous ne possédons que les lignes à voie étroite de la province de Santa-Fé, soit celle de Buenos-Ayres à Rosario et celle de Rosario à Puerto-Belgrano! La logique des faits et les résultats obtenus devraient être pour nous pleins d'enseignements, mais comme toujours nous ne nous apercevrons de la prospérité et de la valeur de l'Argentine que lorsque d'autres en auront au préalable tiré tout le profit. L'État argentin exploite lui-même la ligne du Central Nord. La politique du Gouvernement s'est quelque peu modifiée depuis ces dernières années. L'expérience ayant démontré que l'exploitation des Chemins de fer ne manquait pas d'être fructueuse, il n'accorde plus de garanties d'intérêt ou de primes; son seul concours consiste à consentir aux concessionnaires l'exonération d'impôts et la cession gratuite des terres fiscales que la ligne occupe (1). Plusieurs lignes sont à l'heure actuelle en construction; une partie de ces lignes dépend d'une Compagnie privée et porte sur une longueur de 2 415 kilomètres; l'autre partie est assurée par l'État, conformément au plan de M. Ezequiel Ramos Mexia, voté récemment par le Congrès. Ce plan est le suivant : 1° Chemin de fer de San-Antonio au lac Nahuel Huapi dans la Cordillère des Andes ; 2° A l'Ouest, un Chemin de Fer longitudinal suivant les vallées les plus riches de la Cordillère et de la Patagonie; 3° Au Nord, une ligne traversant les régions forestières, entre la Pilcamayo et le Vermejo; 4° Une ligne de Resistancia à Metan franchissant le Chaco entre le Vermejo et le Rio Salado et rejoignant le réseau du Central Norte appartenant à l'État (2). Le système financier qui a été adopté pour la construction de ces lignes est habile : le Gouvernement Central fait l'avance des frais nécessaires pour la pose

(1) HURET. *De la Plata à la Cordillère des Andes*, p. 462.

(2) HURET. *De la Plata à la Cordillière des Andes*, p. 466.

des rails, les dépenses ainsi faites sont récupérées par la vente des terrains qui s'étendent sur 50 kilomètres, de chaque côté de la voie; cette vente est faite aux enchères et des délais très avantageux sont concédés pour les paiements qui se font par annuités. Le bénéfice réalisé par cette opération permet de penser que la construction de la voie reviendra à peu de chose et les termes de crédit accordés pour que les acheteurs se libèrent de leurs terres font augurer que nombre de colons peupleront rapidement les pays traversés par les voies. Malgré les efforts déjà réalisés et ceux en voie de réalisation pour la construction des voies ferrées, on doit s'attendre à voir l'Argentine prendre à ce point de vue un développement beaucoup plus considérable encore et cela non seulement à cause de l'accroissement de la population, mais pour des raisons toutes spéciales au pays. Les routes sont extrêmement difficiles à construire dans la Pampa, où l'on ne trouve que peu ou pas de pierre et il est très onéreux de faire venir de loin les matériaux nécessaires pour empierrer une route: la construction d'un chemin de fer n'est pas beaucoup plus coûteuse dans ces conditions et est appelée à rendre beaucoup plus de services; quant aux fleuves, on ne peut guère songer qu'au Parana et qu'à une partie du cours de l'Uruguay pour la navigation. Les cours d'eau du sud de la république, comme le Rio Negro et le Rio Colorado, ne pourraient devenir navigables qu'après des travaux très coûteux et les torrents qui descendant de la Cordillère ne peuvent guère servir qu'à l'irrigation. L'avenir du pays est donc intimement lié à l'extension de ses Chemins de fer et tout porte à croire que l'extension du réseau ferré aura des conséquences économiques extrêmement importantes.

Ports. — Dans un pays comme l'Argentine, où le commerce extérieur occupe une place si prépondérante, la question des ports est primordiale et présente un intérêt au moins égal à celle des chemins de fer. Les quatre grands ports du pays sont ceux de la Plata, de Buenos-Ayres, de Rosario et de Bahia-Blanca.

La Plata est une ville de date récente; c'est le chef-lieu de la province de Buenos-Ayres,

Buenos-Ayres étant la capitale de l'État fédéral ; sa population est de 95 000 habitants ; il convient de citer parmi ses principaux monuments : le Palais du Gouverneur, le Palais de Justice, l'Université, le Théâtre ; cette ville possède de vastes places, ses rues sont larges et bordées de trottoirs spacieux se coupant à angles droits ; elle possède un Jardin Public vraiment très beau et un Musée de collections paléontologiques remarquables ; elle manque malheureusement de vie et d'animation. C'est une ville de fonctionnaires où le commerce et l'industrie sont languissants ; cela tient en partie à ce que la distance qui la sépare de Buenos-Ayres est de 58 kilomètres seulement et ceci lui est très préjudiciable, car la résidence de la capitale est de beaucoup plus agréable. Le port est cependant très animé, mais il est situé à 5 kilomètres de la ville. Il y eut toutefois une époque où la Plata fut autrement bruyante et animée qu'à l'heure actuelle, c'était au moment où les docks de Buenos-Ayres n'étaient pas encore ouverts au grands paquebots qui s'arrêtaient alors à la Plata ; ils ont aujourd'hui tout avantage à pousser jusqu'à Buenos-Ayres.

Il est possible qu'avec l'achèvement de la construction de nouvelles lignes de Chemins de fer, reliant directement la Plata aux provinces les plus riches de l'Argentine, cette ville très belle, très salubre, redevienne le centre d'une activité nouvelle. La colonie française est assez nombreuse à la Plata.

Le port de Buenos-Ayres est actuellement l'un des plus importants du monde. Il se divise en deux parties : le Rio Chuelo ou ancien port et le nouveau port commencé en 1886, terminé seulement en 1900. La première partie est formée du cours d'eau le Chuelo, approfondi jusqu'à atteindre 18 pieds ; il ne reçoit pas de navires de gros tonnage ; il est cependant très animé et son mouvement annuel dépasse 1 200 000 tonnes. La seconde partie est composée de deux darses auxquelles on accède par deux canaux, le canal du Nord et le canal du Sud. Entre les darses, se trouvent quatre bassins d'un longueur moyenne de 600 mètres sur 160 mètres de large, plus deux bassins de carènage. Les opérations de chargement et de déchargement se font très aisément grâce aux voies ferrées qui longent les quais et à

130 grues hydrauliques. Malgré ses dimensions et la date récente de son achèvement, le port de Buenos-Ayres est devenu insuffisant, aussi est-il question de l'agrandir, de créer de nouveau bassins, et d'étendre encore ses docks ; un premier crédit de 18 700 000 francs a été prévu à cet effet dans le budget de 1912, mais le coût entier de l'opération s'élèvera à 240 millions environ.

Rosario est un port très actif qui se classe immédiatement après Buenos-Ayres ; c'est également la seconde ville de la République avec sa population de plus de 200 000 habitants ; la ville est située sur les bords du Parana dans la province de Santa-Fé. Sans être aussi remarquable que Buenos-Ayres, Rosario présente un aspect des plus modernes, ses rues larges sont desservies par de nombreuses lignes de tramways et sont très éclairées. Les monuments publics les plus importants sont le Palais de Justice, le Collège National, les Écoles Normales et le Marché. Les Italiens ont su réaliser à Rosario des fortunes colossales dans le commerce d'importation ; c'est ce qui explique que la colonie italienne est de beaucoup ici la plus nombreuse. Le port occupe une situation exceptionnelle. Le Parana a, à Rosario, 1 800 mètres de large et sa profondeur permet l'entrée des bateaux de 13 000 tonnes. Il est desservi par le Grand Central argentin et par 6 autres Compagnies de Chemins de fer; grâce à ses moyens de communication, il attire d'énormes quantités de céréales et de bétail; les sucres de Tucuman, les bois et extraits de Quebracho, de la province de Santa-Fé; les cuirs, les peaux des provinces du Nord sont également entreposés et expédiés dans ce port; c'est à bon droit que M. Jules Huret à pu dire : « Le nouveau port à fait de Rosario non seulement l'usine naturelle des riches régions agricoles qui l'entourent, mais le lien nécessaire entre l'Europe et les provinces du Nord Argentin et du Paraguay. » Le port est d'ailleurs assez récent; c'est à la suite d'un concours qui eut lieu en 1902 que la maison française Hersent, associée à la maison Schneider et Cie du Creusot, obtint la concession et l'exploitation du nouveau port, la concession devant avoir une durée de 40 ans et les travaux devant revenir à l'État à l'expiration de ce délai.

L'entreprise se heurta à de très grandes difficultés; les matériaux nécessaires à la construction durent être amenés par chalands d'une grande distance en amont de l'Uruguay, car les pierres et cailloux manquent absolument dans la région. Le nouveau port est situé en amont de la ville, le long de falaises naturelles d'une trentaine de mètres de hauteur, sur la rive droite du Parana; c'est une œuvre absolument remarquable et qui fait le plus grand honneur à la science française. La longueur des quais en est de 5 kilomètres en maçonnerie et en bois pour le cabotage; les hangars et les magasins de dépôts y sont nombreux; on y voit beaucoup de grues électriques dont 35 mobiles et 2 fixes de 10 à 30 tonnes: tous ces ouvrages sont reliés par une triple ligne ferrée et des canaux parallèles munis de terre-pleins et de bassins. Le port de Rosario a pris un accroissement formidable même pendant le cours d'exécution des travaux: le contrat fait en 1902 prévoyait pour 1932 un tonnage de 2 millions et demi de tonnes; dès 1903, première année de la construction, le mouvement du port fut de 2 millions de tonnes;

en 1904, il fut de 2 600 000 tonnes, dépassant déjà le chiffre prévu pour 1932; en 1905, il était de 2 800 000 tonnes; en 1911, de 3 500 000 et l'on peut préjuger sans risque qu'un avenir encore beaucoup plus brillant lui sera réservé lorsque le développement des Chemins de fer aura accru l'importance de ce port.

Bahia-Blanca est situé à 700 kilomètres de Buenos-Ayres; sa population qui, en 1869, était de 1472 habitants, et, en 1901, de 25 000, dépasse aujourd'hui 45 000 habitants, c'est dire que la ville est complètement moderne et construite sur les plans des cités nord-américaines. Ce n'est guère que de 1896 que date l'éclosion de Bahia-Blanca, car ce n'est que vers cette époque que l'on commença la culture du blé dans le sud de la province dont cette ville est le débouché naturel; jusqu'alors toute l'activité s'était concentrée sur l'élevage. L'influence économique de Bahia-Blanca ne se borne cependant pas exclusivement à la partie sud de la province; elle s'étend également sur une grande partie de la pampa centrale, sur le sud de Mendoza et de San-Luis et sur la plus grande partie des vallées du Rio

Negro et du Rio Colorado. Tous les produits des provinces sud et sud-ouest qui prenaient jadis le chemin de Buenos-Ayres sont maintenant acheminés sur Bahia-Blanca et actuellement ces régions sont en pleine voie de développement; de considérables travaux d'irrigation y sont effectués, de nouvelles lignes de chemins de fer sont en construction ; l'ère de prospérité n'est donc encore qu'à son début et il n'est pas téméraire de penser que d'ici dix ou vingt ans l'importance de Bahia-Blanca aura sans doute atteint et peut-être même dépassé celle de la capitale. Nos capitaux se sont du reste facilement portés vers cette ville et le public français a accueilli avec faveur le dernier emprunt qu'elle a contracté dans notre pays. La marche ascendante du port est facile à constater : 1891, 4 steamers seulement touchent à Bahia-Blanca ; en 1902, 91 et en 1908, 320; en 1891, on exporte 2000 tonnes de céréales ; en 1908, 1208000 tonnes; en 1907, on exporte 20 000 tonnes d'avoine ; aujourd'hui plus de 200 000 tonnes. La progression existe semblable pour les balles de laine et les peaux de mouton. Bahia possède en réalité quatre ports : Ingeniero-White, Galvan, Cuatreros et Puerto-Militar (port militaire). L'arsenal du port militaire au nord de la baie et à une certaine distance de la ville est des mieux outillés ; le bassin de radoub permet l'accès aux plus grands navires de la marine de guerre. Ingeniero-White est le port de la compagnie du chemin de fer du Sud et Galvan celui de la compagnie des chemins de fer du Pacific; ils sont l'un et l'autre reliés à Bahia par voie ferrée. Cuatreros est principalement le port d'exportation des viandes congelées; mais tous ces ports sont actuellement insuffisants et l'on songe déjà à leur agrandissement. La prospérité de Bahia est due sans aucun doute à l'esprit d'initiative des deux compagnies anglaises Chemin de fer du Pacifique et Chemins de fer du Sud. Elles ont poussé leurs lignes jusqu'à la Cordillère par les vallées du Rio Colorado et du Rio Negro; elles ont foi en l'avenir de la pampa; leurs espoirs ont été justifiés du reste, car, dès qu'elles construisaient des gares dans des lieux jusqu'alors incultes, quelques mois plus tard ces stations devenaient le centre d'importantes cultures. En même temps que la ligne de Neuquen va se prolonger jusqu'au Chili, les deux Compagnies anglaises vont construire de nouvelles lignes dans la région du Rio Negro et du Rio Colorado; les plaines du sud et du sud-ouest vont y gagner une extension considérable. Il faut cependant constater que l'action de la France n'a pas totalement négligé de se faire sentir dans ces régions : trois Compagnies françaises ont obtenu des concessions importantes ; l'une est la Compagnie Générale des Chemins de fer, qui exploite déjà une ligne à voie étroite de Rosario à Buenos-Ayres; elle a été autorisée à la prolonger jusqu'à Bahia-Blanca; une autre Compagnie doit construire une ligne qui partira de Rosario pour aboutir après 790 kilomètres de voie large à Belgrano ; un port situé à l'entrée du chenal, dans l'avant port militaire, doit être construit pour lui servir de complément; ainsi comprise cette entreprise paraît offrir toutes les chances de succès. Un autre groupe français a obtenu la concession d'une ligne traversant toute la province de Buenos-Ayres et comportant de nombreux embranchements; son terminus serait un port commercial construit à l'embouchure de l'arroyo Pareja, dans la baie de Bahia-Blanca.

Il faut également signaler la plage aristocratique de Mar-del-Plata qui va subir des transformations nécessitées par la construction d'un port. La concession en a été accordée à une Société française composée de MM. Sillard, Dolfus, Allard et Wiriat, qui ont déjà mené à bien la construction du port de Montevideo.

La construction d'un autre port à Neco-del-Plata devant porter le nom de Puejen vient également d'être concédée ; ce port sera relié à Mar-del-Plata par une voie ferrée longeant le littoral et il est incontestable que l'agriculture, l'élevage et le commerce de toute la région doivent tirer de toutes ces entreprises grandioses un essor nouveau et des avantages économiques incalculables.

CHAPITRE V

Vaste mouvement d'affaires se manifestant de toutes parts. — Importations, il y 10 ans et aujourd'hui. — Exportations. — Revenus du Gouvernement, il y a 10 ans et aujourd'hui.

L'étude rapide à laquelle nous venons de nous livrer nous a permis de constater le vaste mouvement qui se produit de nos jours dans les principales branches de l'activité argentine; mais il est certain que nous ne sommes encore qu'au début de la prestigieuse évolution qui sera le sort de ce pays, sa production agricole actuelle étant de beaucoup inférieure à une moyenne raisonnablement normale. Quels sont cependant les signes qui permettent d'affirmer la prospérité du pays?

C'est d'abord l'accroissement constant de la population: de 3 millions à peine en 1897, elle atteint plus de 7 millions en 1911; cette augmentation presque exclusivement formée de travailleurs est considérable en une période de 20 années et elle mérite d'attirer l'attention, car c'est incontestablement une richesse pour un pays qui a besoin d'être mis en valeur.

Les recettes fiscales indiquent également une progression qui prouve l'intensité de la vie et du mouvement; en 1887, elles s'élèvent à 233 810 francs; en 1911, elles sont en chiffres ronds de 682 millions; il en est de même pour les dépenses qui étaient en 1887 de 272 290 000 francs; elles sont en 1911 de 885 060 000 francs et c'est bien là une preuve du développement des services publics devenus de plus en plus nécessaires avec l'augmentation de la population. La dette publique s'élève pendant la même période de 838 950 000 francs à 2 623 118 639 francs et le service de la dette suivant une marche parallèle s'élève de 92 179 000 francs à 175 000 000.

La progression qu'accuseront les chiffres relatifs aux chemins de fer nous est une autre indication précieuse de prospérité : en 1887, il n'y a que 5 437 kilomètres de voies ferrées; en 1911, 31 574; quant au nombre de voyageurs transportés il fait plus que décupler en passant de 6 324 140 à 64 402 135; le produit brut du trafic des chemins de fer s'élève de 97 582 925 à 586 355 500; les capitaux employés en voie ferrée, qui étaient de 887 888 125, sont de 5 420 004 930 francs; mais les chiffres relatifs à la superficie ensemencée et surtout ceux qui concernent les importations et les exportations sont un gage encore plus certain de la période d'activité qu'aborde la République Argentine.

La superficie ensemencée a fait de 1887 à 1911 un bond formidable; elle a passé de 2 147 000 hectares à 20 367 082 hectares Les chiffres ci-dessous relatifs à l'importation et à l'exportation par périodes de 5 ans depuis 50 ans sont indiqués en piastres or; soit 5 francs de notre monnaie.

Années.	Importations.	Exportations.
1862..........	23 138 712	19 151 339
1865..........	30 284 305	26 126 440
1870..........	49 124 613	30 223 084
1875..........	57 826 549	52 009 113
1880..........	45 535 880	58 380 787
1885..........	92 221 969	83 879 100
1890..........	142 240 812	100 818 993
1895..........	95 069 438	120 007 790

Années.	Importations.	Exportations.
1900..........	113 485 069	154 600 412
1905..........	205 154 420	322 843 841
1910..........	351 770 656	372 626 055
1911..........	366 810 686	324 697 538

Les différents articles sur lesquels ont surtout porté les exportations sont les suivants : blé, maïs, rondins de quebracho, lin, farine, sucre, tanin, extrait de viande et bouillon concentré, viande sèche salée, viande bovine congelée, suif, beurre, son, cuir de chevaux salé, cuir de chevaux sec, peaux de moutons, peaux de chèvres, crin, laine, peaux salées de bœufs, peaux sèches de bœufs, bœufs, moutons, chevaux, ânes et mulets.

Blé.	Exportations en tonnes.
1900..................	1 929 676
1905..................	2 868 281.
1910..................	1 883 592
1912.......	plus de 3 millions.

Maïs.	
1900..................	713 248
1905..................	2 222 289
1910....	2 660 225
1912.......	plus de 5 millions.

L'année 1912 a été absolument remarquable au point de vue de la production du maïs, ce qui explique cette forte exportation ; 1911 par contre avait été mauvaise et l'exportation n'avait pas dépassé 125 000 tonnes.

Lin.	Tonnes.
1900	222 257
1905	654 792
1910	604 877
1912	500 000 environ.

Farine.	
1900	51 203
1905	144 760
1910	115 408
1911	118 486

Sucre.	
1900	15 270
1905	2 199
1910	55

L'exportation du sucre va sans cesse en diminuant par suite de l'accroissement de la population et de la consommation locale grandissante.

Tanin.	
1900	5 967
1905	29 408
1910	53 231
1911	68 431

Extrait de viande et bouillon concentré.	Tonnes.
1900	16 449
1905	25 288
1910	9 442
1911	12 120

L'exportation sur cet article a une tendance à décroître par suite de la faveur croissante avec laquelle le public accueille les viandes congelées.

Viande bovine congelée.	Tonnes.
1900	24 590
1905	152 857
1910	245 267
1911	297 738

Suif.	Tonnes.
1900	24 837
1905	45 758
1910	58 406
1911	76 423

Beurre.	Tonnes.
1900	1 055
1905	5 393
1910	2 877
1911	1 396

La diminution de l'exportation du beurre s'explique par les besoins croissants du pays.

Son.	Tonnes.
1900	73 314
1905	176 664
1910	250 777
1911	214 634

Rondins de québracho.	Rondins.
1900	239 836
1905	285 897
1910	341 969
1911	438 216

Cuirs de chevaux salés.	Unités.
1900	1 900
1905	785
1910	131

La diminution s'explique par la faveur qui frappe cet article au profit des cuirs secs.

Cuirs de chevaux secs.	Unités.
1902	1 975
1905	1 271
1910	1 956

Peaux de moutons.	Tonnes.
1900	37 593
1905	30 180
1910	29 384
1911	27 478

Peaux de chèvres.	
1900	1 718
1905	2 348
1910	1 698
1911	2 430

Crin.	Tonnes.
1900	2 272
1905	2 429
1910	2 592
1911	2 452

Laine.	Tonnes.
1900	101 113
1905	191 007
1910	150 599
1911	132 036

Peaux salées de bœufs.	Tonnes.
1900	26 423
1905	40 932
1910	61 029
1911	72 689

Peaux sèches de bœufs	Tonnes.
1900	24 866
1905	24 248
1910	29 844
1911	32 922

Bœufs.	Unités
1900	150 550
1905	262 681
1910	89 733
1911	184 112

Moutons.	Unités
1900	198 102
1905	120 166
1910	77 180
1911	110 690

Chevaux, ânes, mulets.	Unités.
1900	56 400
1905	61 358
1910	23 517
1911	17 589

Les besoins croissants du pays et le développement général de l'industrie automobile sont la cause de la diminution de cette exportation.

En résumé, la valeur des exportations a presque doublé en dix ans; elle était en 1902 de 897 433 635 francs; elle est en 1911 de 1 623 487 690 francs; encore faut-il remarquer que l'année 1911 est loin d'être une des meilleures au point de vue exportation; elle a été dépassée par les 3 années précédentes; 1908 a donné 1 830 026 705 francs; 1909 occupe le premier rang avec 1 986 752 640 francs, et 1910 vient ensuite avec 1 863 130 275 francs. Nul ne peut nier que cette augmentation considérable, en présence surtout de l'accroissement de la population, ne soit un signe de prospérité manifeste, puisqu'elle se traduit par la rentrée de sommes importantes qui servent au développement du commerce, de l'industrie et de l'agriculture, tout en ayant une heureuse répercussion sur l'état des services publics. En ce qui concerne 1912, les chiffres officiels ne se portent que sur le premier semestre et ils s'élèvent à la somme de 1 123 542 515 francs ; ils font donc présumer une année exceptionellement bonne. Par ces chiffres, on peut constater que les exportations n'accusent pas une augmentation sur tous les articles; plusieurs sont restés stationnaires, quelques-uns même ont diminué, parfois dans d'assez fortes proportions, mais beaucoup par contre ont bénéficié d'une formidable hausse. Il est nécessaire d'entrer ici dans quelques détails. La hausse s'est fait sentir en premier lieu sur les produits agricoles et en particulier sur le maïs. En 1900 l'exportation du maïs s'élevait à 713 248 tonnes. D'après les évaluations de la Chambre de Commerce qui semblent plutôt au-dessous de la vérité, l'exportation aurait atteint en 1912 le chiffre formidable de 5 millions de tonnes ; à supposer que 1912 ait été pour le maïs une année particulièrement favorable, il n'en reste pas moins vrai que la moyenne des exportations sur cet article ne tende à se fixer entre 3 500 000 et 4 500 000 tonnes, ce qui s'explique par le développement considérable qu'a pris la culture de ce produit dans les provinces du Nord.

Comme autres exemples de hausse, il faut remarquer le tanin et le rondin de quebracho. Pour le tanin, la progression est vraiment prodigieuse ; en 1900, il était exporté 5 967 tonnes de tanin représentant une valeur de 597 700 piastres or ; en 1911 les chiffres nous donnent 68 431 tonnes représentant 4 980 027 piastres or, c'est-à-dire près de 25 millions de francs. Pour ce qui est des rondins de quebracho, la valeur de leur exportation à presque triplé pendant la même période, passant de 2 398 400 piastres or en 1900 à 6 897 535 en 1911. L'installation d'établissements frigorifiques a eu la même influence sur l'exportation de la viande bovine congelée ; en 1900, il s'en exportait 24 590 tonnes et en 1911, 297 738 tonnes, représentant une valeur de 29 773 792 piastres or. Si l'exportation de la viande ovine congelée n'a pas suivi une égale progression, puisqu'elle ne passe de 56 412 tonnes en 1900 qu'à 85 916 en 1911, cela tient à ce que la consommation du mouton s'est beaucoup développée dans l'intérieur du pays; il faut aussi considérer que depuis quelques années la race ovine a été un peu négligée au profit de la race bovine et de la culture; mais il semble bien cependant que l'élevage du mouton soit destiné à prendre bientôt une extension nouvelle principalement dans les provinces du Sud et les Andes. Il faut également signaler deux derniers articles dont la hausse d'exportation fut intéressante : ce sont le gibier et le poisson, sur lesquels nous ne possédons cependant que des chiffres globaux : 205 025 piastres or en 1896 et 1 663 285 en 1911. Par contre, le chiffre d'exportation de certains autres produits est resté sensiblement stationnaire; cela tient à ce que la population sans cesse croissante absorbe la plus grande partie de l'augmentation de la production. Sur d'autres articles enfin l'exportation est parfois en baisse marquée; c'est ainsi que nous l'avons constaté sur les sucres, les fourrages secs, les chevaux, ânes, mulets et les cuirs de chevaux salés; les raisons de cette baisse ont été indiquées.

Ces réserves faites, il apparaît clairement

que le pays est en plein essor au point de vue exportation et, si nous prenons les chiffres globaux des diverses branches de production, nous obtenons un tableau suggestif :

	EXPORTATIONS PIASTRES OR (5 FRS)	
	Année 1896	Année 1911
Agriculture........	43 132 585	168 394 733
Élevage...........	70 534 040	139 764 386
Produits forestiers ..	1 268 663	12 254 604
Produits miniers....	352 840	565 338
Gibiers et poissons..	205 025	1 663 285
Divers........	1 308 863	2 055 192
Totaux.......	1 802 016	324 697 538

Ces chiffres accusent donc une augmentation sensible qui est particulièrement frappante pour les produits forestiers (près de 10 fois), le gibier et le poisson (plus de 8 fois), l'agriculture (près de 4 fois). Si l'on prend les chiffres 1909-1910, l'Argentine se trouve à la tête de tous les pays du globe pour 3 articles d'exportation, le maïs en premier lieu. Sur une exportation mondiale de 4265000 tonnes, elle en fournit 2270 000, soit à elle seule plus de la moitié ; les provinces danubiennes qui viennent ensuite ne dépassent pas 782 000 tonnes. Elle arrive également en tête pour le lin ; en 1910, sur une exportation mondiale de 1 106 506 tonnes, elle donne 650 000 tonnes, encore ici plus de la moitié ; les Indes qui viennent immédiatement après n'en n'exportent que 351 000 tonnes. De même également pour la viande congelée dont l'exportation se fait presque entièrement en Angleterre, l'Argentine arrive en tête avec 327 564 tonnes, dépassant l'Australie 252 154 et les États-Unis 138 387. Pour le blé, malgré son énorme production, elle reste au troisième rang avec une exportation de 1 710 000 tonnes, se laissant distancer par la Russie (6 055 000) et les États-Unis (2 422 000) ; mais avec le développement des chemins de fer, l'agrandissement des ports, la mise en culture des terres neuves, elle doit arriver dans un avenir très proche à conquérir le deuxième rang.

Il est intéressant de se rendre compte de la proportion dans laquelle le mouvement d'exportation s'effectue par les divers ports. Les renseignements suivants sont ceux relatifs au premier semestre de 1912, en tonnes :

Ports	Blé	Maïs	Lin	Avoine
Buenos-Ayres.......	300 000	200 000	125 000	230 000
Rosario.............	375 000	560 000	110 000	5 500
La Plata.......	93 000	15 060	1 000	136 000
Bahia-Blanca.......	860 000	150	300	340 000
San-Nicolas	400	170 000	4 500	
Constitucion........		15 000	1 000	
Santa-Fé......	120 000	15 000	20 000	
Autres ports........	40 000	10 000	54 000	

Importations. — De même que l'exportation l'importation suit une marche ascendante caractéristique. Il est intéressant de jeter d'abord un coup d'œil sur son ensemble.

	Importations en piastres or
1870...............	49 124 613
1875...............	57 624 481
1880...............	45 535 880
1885...............	92 221 969
1890...............	142 240 812
1895...............	95 069 438
1900...............	113 485 069
1905...............	205 154 420
1910...............	351 770 656
1911...............	366 810 686

Ce tableau officiel permet de constater que c'est surtout depuis 1900 que les importations subissent une hausse constante ; le même phénomène a été constaté pour les exportations. Il permet en outre d'observer que pour la première fois depuis 1893, les importations furent en 1911 supérieures aux exportations (366 810 686 importations contre 324 697 538 exportations piastres or). Il ne faut nullement voir dans ce fait un fléchissement de la richesse nationale et il est à remarquer que l'un des pays les plus riches du monde, l'Angleterre, importe plus qu'il n'exporte. En ce qui concerne l'Argentine le fait s'explique en se rappelant que 1911 fut une mauvaise année au point de vue exportations et que le chiffre d'importations devient très élevé pour certains articles tels que le matériel de chemins de fer, le matériel de construction, les produits manufacturés. On peut affirmer du reste qu'une importation croissante est un signe manifeste de prospérité ; en effet, l'entrée de marchandises dans un pays accroît sensiblement les recettes douanières ; celles-ci étaient de 86 228 371 piastres or en 1911, soit 2 535 205 piastres or de plus qu'en 1910 ; elle introduit dans le pays un nombre toujours plus grand de produits destinés à favoriser le commerce et l'agriculture, puisqu'ils permettent la construction des chemins de fer et des ports, le défrichement ou l'ensemencement de terres nouvelles, l'augmentation de la production par des procédés de culture plus scientifiques et, en général, la diffusion de l'aisance et du bien-être.

Les chiffres ci-après publiés par la Direction générale de statistiques nous donnent la valeur des importations argentines pour l'année 1911 en francs.

Animaux sur pieds	2 607 650
Substances alimentaires	146 683 835
Tabac et ses dérivés	29 459 025
Boissons	68 995 850
Matières textiles et leurs produits manufacturés	348 340 605
Huiles fixes, minérales, volatiles et médicinales.	79 452 320
Produits chimiques et pharmaceutiques	60 891 370
Couleurs et teintures	12 224 090
Bois et ses produits	52 002 895
Papier et ses produits	43 349 900
Cuir et ses produits manufacturés	17 988 920
Fer et ses — —	215 428 705
Autres métaux et leurs produits manufacturés.	77 398 430
Machines agricoles	68 611 730
Matériel de chemins de fer	184 326 895
Pierre, terre, cristallerie, céramique	166 010 380
Matériel de construction	168 947 220
— électrique	33 418 365
Divers	57 915 245
Total.	1 834 053 430

Par rapport à 1910, l'augmentation des importations s'est surtout fait sentir sur les articles suivants (francs) :

Substances alimentaires..	10 977 540
Huiles......................	9 990 125
Couleurs et teintures............	698 980
Bois et ses produits........................	8 649 265
Papier et ses produits......................	1 811 395
Cuirs et leurs produits manufacturés.........	2 610 845
Métaux autres que le fer et leurs produits manufacturés............................	13 046 165
Machinerie agricole.........................	305 665
Matériel de chemin de fer...................	8 850 980
Pierre, terre, cristallerie, céramique.........	11 382 830
Matériel de construction..	22 760 550
Matériel électrique.........................	4 710 715
Divers......................................	8 844 420

Il est facile de se rendre compte du mouvement commercial pendant les douze dernières années, ce mouvement comprenant les importations et exportations, par le tableau suivant qui donne le total en francs.

Années.	Mouvement commercial. Importations et exportations.
1900...............	1 340 427 405
1901...............	1 408 379 255
1902...............	1 412 629 915
1903...............	1 760 955 620
1904...............	2 257 417 470
1905.......	2 639 991 305
1906...............	2 781 121 750
Report.	13 600 922 720

Années.	Mouvement commerciale Importations et exportations.
Report.	13 600 922 620
1907	2 720 903 425
1908	3 194 890 385
1909	3 500 533 115
1910	3 621 983 555
1911	3 457 541 120
Total......	30 096 774 320

Ces chiffres permettent de constater les progrès réalisés d'une façon beaucoup plus frappante que ne peut le faire aucun discours. Les fléchissements accidentels qui peuvent se présenter d'une année à l'autre tiennent presque toujours à des défaillances passagères sur tel ou tel article en particulier et il n'y a pas lieu de s'y arrêter, la tendance générale doit être seule envisagée et nul ne peut contester qu'elle ne soit en tous points favorable.

Commerce français. — Bien que ne pouvant rivaliser avec l'Angleterre, la France occupe une place très honorable dans le commerce international argentin, tant au point de vue des exportations qu'à celui des importations,

	Importations françaises en Argentine.	Exportations argentines en France.
1881...........	10 279 293	16 654 403
1891...........	7 925 296	24 142 260
1901...........	9 959 541	28 637 121
1911...........	38 026 555	39 692 434

ce qui permet de voir que les importations françaises ont augmenté de 280 p. 100 en trente ans et que les exportations argentines en France se sont accrues dans la proportion de 145 p. 100; mais c'est surtout dans l'espace de ces cinq dernières années que les importations françaises en Argentine ont notablement augmenté, alors que les exportations argentines en France subissaient un accroissement beaucoup moins sensible. Le tableau ci-dessous l'indique en piastres or.

Années	Imp. franç. en Arg.	Exp. arg, en France
1907...........	25 468 026	37 762 046
1908...........	26 476 917	28 913 730
1909...........	30 801 132	38 996 004
1910...........	33 650 040	37 760 712
1911...........	38 026 555	39 692 434

Les principaux produits que la France achète en Argentine sont les laines et les cuirs; elle s'y procure également lin, avoine, maïs, fourrage, farine et tourteaux oléagineux. Les importations françaises en Argentine ont surtout trait aux vins, soieries, tissus, machines, automobiles, moteurs de tous genres, quincaillerie, objets de toilette, armes. La nature de ces importations démontre clairement ce que nous avons dit dans le cours de cette étude à maintes reprises, qu'il n'existe en Argentine pour ainsi dire pas d'industrie ; le pays est donc tributaire de l'étranger pour tous ses besoins en produits manufacturés. Les articles de confection, où l'on retrouve tout l'art et le goût français, sont des plus appréciés en Argentine et c'est par plusieurs dizaines de millions que se chiffrent les affaires de cette catégorie. Le chiffre des importations françaises est donc relativement élevé et il est incontestable qu'étant données l'excellence de nos produits et notre supériorité en fait d'articles de luxe, ce chiffre devrait être encore plus élevé. On peut attribuer l'état actuel des choses au nombre insuffisant des voyageurs de commerce et bien souvent à leur ignorance de la langue et des procédés commerciaux du pays, ce qui ne les met pas toujours en état de faire ressortir notre supériorité sur la concurrence étrangère.

Commerce anglais.— Il a déjà été question dans le cours de cette étude de la place prépondérante que l'Angleterre a su prendre en Argentine et l'on ne peut nier que ce pays ne doive sans aucun doute son haut degré de prospérité actuelle à nos amis d'Outre-Manche. La plupart des voies ferrés sont anglaises, la grande majorité des Banques, des Sociétés d'Assurances, des Compagnies de Tramways, des Établissements industriels et, principalement, des frigorifiques, sont aux mains des Anglais ; aussi n'est-il pas surprenant que dans le chiffre total du commerce du pays, qui s'élève à 3 457 541 120 francs, l'Angleterre ait une part de près de 1 milliard. Un certain mouvement de fléchissement des importations anglaises est constaté depuis quelques années et ceci doit être attribué aux efforts persévérants des commerçants allemands et de ceux des États-Unis. La plus grosse partie de l'importation anglaise en Argentine, 60 p. 100 environ, a trait principalement aux matériaux nécessaires à l'exploitation des voies ferrées; les 40 p. 100 restant comprennent les tissus imprimés de Manchester, des draperies, des tapis et étoffes d'ameublement, du jute d'origine indienne pour la fabrication des sacs. Il faut ajouter que la plupart des navires de guerre argentins ont été construits sur les chantiers anglais.

Commerce allemand. — L'influence allemande, si prépondérante au Chili et au Brésil, commence seulement à se manifester en Argentine, où elle accuse depuis quelques années de considérables progrès et cela au préjudice du commerce anglais. Ce résultat doit être attribué à l'énergie et à l'intelligence de son action diplomatique qui n'hésite pas à prendre une part de plus en plus considérable dans la vie économique du pays; et surtout, aux qualités d'initiative, d'intelligence et de ténacité que possèdent sans conteste les commerçants allemands, dont les facultés d'assimilation et d'adaptation sont extraordinaires. Les progrès qu'ils ont réalisés en Argentine sont énormes si l'on songe qu'en 1870 l'importation allemande n'atteignait pas plus de 8 millions et qu'en 1912 elle paraît avoir dépassé 300 millions de francs. Voici en francs, d'après les statistiques officielles, le mouvement du commerce extérieur de l'Argentine avec l'Allemagne durant ces cinq dernières années :

Années.	Imp. de l'Allemagne.	Exp. d'Arg. en Allemagne.	Mouvement total
1907	229 005 850	182 115 280	411 121 130
1908	189 235 280	173 759 970	362 995 250
1909	305 644 440	200 274 085	505 918 525
1910	388 510 030	218 781 510	607 291 540
1911	259 633 260	157 582 910	417 216 170

L'Allemagne fournit : articles manufacturés de coton, laine, lin et chanvre ; articles de ménage, acier, moteurs, dynamos, presses, papier, carton, ferblanterie, fil de fer pour clôture, fers ; tôles galvanisées, wagons, locomotives, automobiles, produits chimiques et pharmaceutiques, meubles, instruments de musique, bois et objets de construction, appareils électriques, instruments agricoles, jouets, articles de cristallerie et verrerie.

L'Argentine exporte en Allemagne : laine, peaux, céréales, lin, blé, maïs, avoine, son, tourteaux, résidus de maïs. L'extension qu'est appelé à prendre le commerce germano-argentin est considérable et il est même probable que d'ici quelques années l'Allemagne aura pris la première place à l'Angleterre. L'on doit remarquer que les Compagnies de chemins de fer anglaises et françaises se fournissent à des entreprises allemandes qui leur livrent à meilleur compte que leurs nationaux le matériel dont elles ont besoin, et cependant l'Allemagne n'a aucune entreprise de chemins de fer en Argentine.

Commerce espagnol. — Le commerce espagnol est beaucoup moins important que celui de la France, de l'Angleterre et de l'Allemagne, quoique l'immigration espagnole ait tendance à croître; mais l'Espagne n'est pas un pays industriel et sa production suffit à peine à sa propre population. Depuis dix ans cependant, on constate un accroissement assez sensible des importations espagnoles en Argentine, qui de 20 millions en 1900 ont dépassé 46 millions en 1909, ce qui représente une augmentation de 152 p. 100; par contre, les exportations de l'Argentine en Espagne ne dépassent pas 16 millions en 1909. L'Espagne fournit à l'Argentine : l'huile, les vins à coupage, les olives, les conserves de poisson, le safran, et de la liqueur d'anis.

L'examen du mouvement des échanges du pays nous ayant montré combien était florissante sa situation commerciale, nous devons, afin de nous faire une idée exacte de la situation générale de la République Argentine au point de vue des affaires, examiner sa situation budgétaire.

Cette situation est des plus satisfaisantes et le pays peut être justement fier d'être arrivé au résultat actuel, d'autant plus qu'il a subi en 1890 une crise financière des plus graves due à des raisons politiques et spéculatives; cette situation avait même été si inquiétante alors que des esprits très avertis avaient considéré la République comme incapable de relever son crédit. Les événements on démontré le contraire; on entend dire, il est vrai, que la crise de 1890 avait été précédée d'une période de prospérité et qu'il se pourrait bien qu'une crise semblable n'éclate à nouveau à la suite de la période très favorable que nous traversons. Mais pourquoi voir une relation de cause à effet dans l'examen superficiel de la suite des événements? M. Walle fait fort justement remarquer combien différente est la situation actuelle et celle de l'Argentine avant 1890. Nous ne pouvons mieux faire que de citer les lignes qu'il consacre à ce sujet dans son remarquable ouvrage, *l'Argentine telle qu'elle est* : « D'aucuns même, dit-il, se référant à ce qui s'est produit de 1886 à 1898, disent déjà que cette prospérité économique pourrait bien n'être que momentanée. C'est là une grosse erreur, car les deux situations sont sans analogie; la prospérité de la période qui prépara la crise de 1890 fut factice, parce qu'elle s'était surtout créée dans les centres urbains par une manipulation effrénée de papiers, les uns inconvertibles comme le papier monnaie, les autres de Sociétés anonymes fondées dans un but uniquement spéculatif. Pendant cette période les Banques accordaient des crédits à tort et à travers, les émissions de papier monnaie dont le cours était fixé par la spéculation en Bourse se succédaient; il n'y avait pas de fermeté dans les prix, parce que ceux-ci changeaient suivant la valorisation ou la dépréciation du papier monnaie. Des Banques accordaient des cédules hypothécaires sans réaliser d'hypothèques et enfin, les soldes de la balance économique étaient déplorables. A l'heure actuelle, il en est autrement. Le change est fixé à 2,20, il n'y a plus d'émission, la richesse et la prospérité du présent sont basées sur la production sans cesse grandissante, grâce à la continuelle mise en valeur de vastes étendues territoriales (1). »

La progression constante des recettes donne une confirmation à la solidité de la prospérité actuelle :

Années	Recettes en francs.
1901	328 000 000
1902	355 000 000
1903	376 000 000
1904	416 000 000
1905	451 000 000
1906	504 000 000
1907	536 000 000
1908	560 000 000
1909	605 000 000
1910	671 000 000
1911	682 000 000

(1) WALLE, p. 58 et suivantes.

L'augmentation est donc de plus de 50 p. 100 en l'espace de onze ans et la constance en est tout à fait remarquable sans mouvements brusques ni sauts. L'examen du bilan général des recettes pour 1912 sera d'un enseignement intéressant; nous y trouverons des recettes perçues en piastres or (5 francs) et des recettes perçues en piastres papier (2,20) :

RECETTES PERÇUES EN PIESTRAS OR :

Droits d'importation	79 200 000
Autres droits sur le commerce extérieur, droits de ports, de phares, de magasinages, de statistiques, etc.	8 750 000
Participations de la province de Buenos-Ayres au service de la dette	983 429
Participations de la Banque Nationale	348 252
	89 281 681

RECETTES PERÇUES EN PIASTRES PAPIER

Impôts fonciers (contributions territoriales)	5 200 000
Alcools	17 200 000
Tabacs	26 000 000
Allumettes	3 000 000
Bières	5 000 000
Assurances	900 000
Cartes à jouer	230 000
Liqueurs	150 000
Transports	1 300 000
Divers et parfums	1 400 000
Patentes	1 600 000
A Reporter	61 900 000

RECETTES PERÇUES EN PIASTRES PAPIERS :

Report......	61 900 000
Timbres et enregistrement..................	19 400 000
Postes et Télégraphes.........................	16 500 000
Chemins de fer............................	2 600 000
Ventes et fermages des terres.................	7 323 000
Participations des provinces au service de la dette fédérale.....................................	679 319
Fonds de concours pour travaux de salubrité..	13 000 000
Divers..	6 659 000
Total	128 141 719
Total général exprimé en piastres papier.......	331 054 630
En francs.......	728 320 186

Fait important à remarquer, ce sont les droits de douane à l'importation et les taxes sur le commerce extérieur qui fournissent la majeure partie des ressources du Trésor argentin. Dans le budget de 1912, ils représentent les 2/3 des recettes budgétaires totales de la République et, comme les droits perçus sont surtout des droits à l'importation, les mauvaises récoltes, qui sont évidemment à craindre dans un pays presque exclusivement agricole, ne peuvent pas entraîner sur les importations et par suite sur les droits de douane un fléchissement très accentué; il faut cependant songer qu'une diminution pourrait se produire de ce fait par suite de moindres bénéfices réalisés dans le pays. Le chiffre important de recettes que nous venons de constater est obtenu grâce à une organisation fiscale bien comprise. Jusqu'en 1891, les impôts de consommation n'existaient pas. Les impôts indirects donnant quelques bénéfices importants étaient les douanes; la crise économique que le pays traversa à cette époque s'étant traduite par une forte diminution des recettes douanières, le Gouvernement comprit la nécessité de créer les impôts de consommation et la loi du 30 janvier 1891 imposa l'alcool, la bière, les allumettes, Quelques années plus tard, ces impôts furent complétés par de nouvelles taxes sur le tabac, le sucre, les cartes à jouer, les boissons artificielles, les vins, les huiles, les assurances; on alla même jusqu'à taxer les chapeaux. Toutes ces mesures eurent pour résultat de frapper directement le consommateur argentin et de faire renchérir la vie dans de notables proportions. Les recettes augmentaient en outre, par suite de l'accroissement de la population, sur les droits de timbre et d'enregistrement, les postes et télégraphes. Les services publics s'en ressentirent et s'améliorèrent rapidement. Une partie de l'impôt foncier est également attribuée à l'état fédéral, bien que la majorité de son produit soit réservée aux budgets des provinces. Il convient de mentionner aussi le rapport des ventes et des locations des terres appartenant à l'État, ainsi que la contribution provinciale dans une certaine proportion au service de la dette publique.

Le budget des dépenses est très compliqué, parce que, à côté du budget général fonctionnent un budget extraordinaire et un budget supplémentaire de crédits, accordés par des lois spéciales et des décrets. Voici de quelle façon se répartissent les dépenses ordinaires pour l'année 1912 (en francs) :

Congrès	11 392 876
Intérieur	100 293 703,86
Affaires étrangères et cultes	11 196 837,92
Finances	43 347 080,65
Service de la dette	163 537 971
Justice et Instruction publique	116 775 246
Guerre	64 071 176,84
Marine	62 100 280,88
Travaux publics	18 347 472
Pensions et retraites	27 526 400
Matériel de guerre	39 600 000
Agriculture	33 640 543,64
	691 829 588,79

Quant au budget extraordinaire, pour cette même année, qu'il nous suffise d'indiquer qu'il ne se monte pas à moins de 223 626 851 francs; il se réfère notamment à des dépenses nécessitées par des constructions de lignes télégraphiques, de casernes, d'hôpitaux, de bâtiments scolaires, de travaux hydrauliques, de travaux d'assainissement, de travaux d'irrigation, d'agrandissement de ports. En examinant attentivement le budget ordinaire, on constate que le service de la dette publique constitue la principale dépense avec plus de 163 millions, puis viennent les budgets de la Guerre et de la Marine qui dépassent réunis 126 millions et répondent à une absolue nécessité, puisqu'ils ont pour objet la défense des intérêts économiques du pays. Viennent ensuite ceux de la Justice et de l'Instruction Publique, puis celui de l'Intérieur, qui dépasse notablement ceux attribués aux autres ministères.

Dans son rapport sur le budget de 1913, le Dr Rosa, ministre des Finances, constate avec regret qu'une grande partie des recettes est absorbée par les appointements des fonctionnaires et les retraites; il ne pense pas qu'une situation semblable existe dans un autre pays. C'est ainsi qu'en 1902 la liste des pensions s'élevait à 5529788 piastres papier et qu'elle dépasse maintenant 12512000. Les appointements des fonctionnaires civils et militaires ont absorbé en 1912 exactement 19226006 piastres papier et le ministre des Finances critique les tendances de la jeunesse qui préfère des sinécures officielles aux situations qui ne s'acquièrent que par l'effort et par l'initiative individuels, où elle aurait cependant tant d'avenir dans un pays comme l'Argentine.

Lorsque l'Argentine, débarrassée de ses crises intérieures, a voulu se vouer à l'exploitation de son incomparable domaine territorial, elle s'est trouvée dans l'obligation d'entreprendre de grands travaux publics, tels que ports, routes et chemins de fer. A cet effet, elle dut engager de fortes sommes et les recettes publiques, insuffisantes pour assurer le développement intérieur; elle dut avoir recours à des emprunts, ce qui créa la dette publique. A certains moments même, elle émit du papier monnaie à cours forcé; cette monnaie fiduciaire ne tarda pas à se déprécier et le Gouvernement, à la suite de cette politique imprudente, fut bientôt acculé à la suspension du service de la dette publique. Depuis dix ans, la République a repris le paiement des intérêts de la dette qu'elle a commencé à amortir d'une façon régulière. Une caisse de conversion a été créée dans le but de stabiliser la valeur de la piastre. Sans doute des déficits existent presque régulièrement dans les budgets et la dette nationale se trouve accrue par les emprunts qu'ils nécessitent. Il ne faut cependant pas exagérer l'importance du déficit budgétaire d'un pays comme l'Argentine, car l'on doit considérer qu'une grande partie des dépenses actuelles sont une source de richesses pour l'avenir ; il en est ainsi de celles qui sont utilisées à la construction des chemins de fer, des ports et à l'augmentation du capital de la Banque Nationale. Il ne faut pas perdre de vue également que le Gouvernement continue une politique d'amortissement de la dette publique et les dépenses occasionnées de ce fait sont loin d'être improductives, puisqu'elles augmentent le crédit en diminuant la dette. Le montant de cette dette au 31 décembre 1911 se composait des éléments suivants :

Dette extérieure............ ...	1 519 873 945
— intérieure (or)......... ..	806 893 000
— — (papier)...... ..	296 341 694
	2 623 108 639

Sur ce chiffre global, 1 256 200 000 francs proviennent d'émissions effectuées depuis dix ans, mais plus des deux tiers de la somme, exactement 851 400 000 francs, furent consacrés à l'amortissement.

La dette extérieure a été en diminuant depuis dix ans ; elle n'est plus au 31 décembre 1911 que de 1 519 873 945 francs, après avoir été au 31 décembre 1902 de 1 905 413 805 francs. Pendant ces 10 dernières années, les amortissements s'élèvent à 440 823 650 francs. Pour le prolongement du Nord-Argentin et son raccordement avec le chemin de fer Central du Paraguay, le Gouvernement a reçu une part en actions en garantie et le reliquat doit lui être remboursé sur les recettes brutes de la ligne. Depuis 1898, le service intégral des intérêts a été repris, l'amortissement fut rétabli en 1901 ; par suite le crédit du pays se releva sensiblement; la meilleure preuve de ce fait se trouve dans la hausse dont ont bénéficié les fonds argentins et l'acccueil favorable qui fut fait sur les marchés européens aux nombreux emprunts qui se succèdent depuis 1896.

La dette intérieure or représentait, au 31 décembre 1911, 806 893 000 piastres ou 4 034 465 000 francs. Les principales émissions auxquelles elle a donné lieu sont, en 1907, le remboursement de l'emprunt Morgan de 175 millions de francs, en 1909, l'augmentation du capital de la Banque Nationale, et l'équipement des chemins de fer de l'État, soit 250 millions de francs; en 1911, la construction du Palais de Justice, des nouveaux entrepôts des douanes et de divers bâtiments publics, soit 135 millions de francs. Elle serait bien plus considérable encore si le jeu de l'amortissement ne l'avait sensiblement réduite. La dette intérieure papier s'élève à 296 341 694 francs, les emprunts dont elle est formée ont été émis, soit pour convertir des dettes de diverses catégories, soit pour exécuter des travaux d'assainissement, de construction de routes, ponts, écoles, casernes, etc.

Les 14 États qui forment la République Argentine possèdent chacun un budget important dont le total dépasse 230 millions de francs. Ces États durent souvent recourir à l'emprunt, tout comme les municipalités ; la plus importante de ces dernières est tout naturellement celle de Buenos-Ayres, dont le budget dépasse 92 millions de francs. Voici comment se décomposait la dette des provinces et des principales villes en 1911 :

	(EN FRANCS)
Province de Buenos Ayres.	
Dette extérieure	623 397 872,40
— intérieure........	183 954 650
	807 352 522,40
Province d'Entre-Rios.	
Dette totale......	12 427 030
Province de Mendoza	
Dette intérieure.........	73 416 798
— extérieure	29 385 000
	102 801 798
	807 352 522 40
	102 801 798
A Reporter.......	910 154 320 40

Report	610 154 320 40
Province de Tucuman	
Dette extérieure	24 487 500
Province de Corrientes	
Dette extérieure.............	9 250 000
Province de San-Juan	
Dette extérieure	12 369 000
Ville de Buenos-Ayres	
Dette totale..................	168 462 915
Ville de Rosario de Santa-Fé	
Dette totale..................	2 420 000
Ville de Bahia-Blanca	
Dette totale..................	2 479 400
Total........	1 142 050 165,40

Pour terminer ce rapide aperçu du crédit argentin, il suffit de constater qu'un très grand nombre de fonds d'États argentins et de valeurs commerciales ou industrielles sont cotés à la Bourse de Paris, tant au Parquet qu'en Coulisse. Parmi les Fonds d'États, citons : l'Argentin 5 p. 100 1884, l'Argentin 5 p. 100 1886, l'Argentin 4 p. 100 1896 (rescision), l'Argentin 4 p. 100, l'Argentin 5 p. 100 intérieur or 1907, l'Argentin 5 p. 100 intérieur or 1909, l'Argentin 6 p. 100 1910 (cédule hypothécaire nouvelle), Province de Buenos-

Ayres 4 1/2 p. 100 or 1909, Province de Buenos Ayres 5 p. 100 or 1908, Province de Corrientes 6 p. 100 or 1910, Province de Mendoza 5 p. 100 or 1909. Parmi les valeurs industrielles et commerciales : la Banque Espagnole Del Rio de la Plata, la Banque Francaise Del Rio de la Plata, la Banque Hypothécaire Franco-Argentine 4 p. 100, le Crédit Foncier argentin, le Crédit Foncier de Buenos-Ayres et des Provinces Argentines, le Crédit Foncier de Santa-Fé et les Chemins de fer de la Province de Buenos-Ayres, les Chemins de fer de la Province de Santa-Fé, la Compagnie du Gaz de Rosario, le Gaz de Rosario, le Port de Rosario, les Tramways de Buenos-Ayres, etc. A la Bourse de Londres, les valeurs cotées sont encore plus nombreuses qu'à Paris et les cotes d'Anvers, de Bruxelles, de Hambourg, de Francfort-sur-Mein et de Berlin en mentionnent également.

Pour nous en tenir uniquement au marché de Paris, il n'est pas douteux que le Syndicat des Agents de Change et le Syndicat de la Coulisse, qui se montrent en général sévères pour l'admission des valeurs à la Cote, n'auraient pas accueillli des valeurs si diverses si elles ne présentaient pas des garanties de sécurité, et cela est une preuve de plus de la prospérité grandissante du pays et de la certitude qu'ont les banques émettrices de l'avenir florissant réservé à la République Argentine.

En dehors de l'action régulière de la diplomatie sur les puissances étrangères, les nations, pour défendre leurs intérêts vitaux et afin de tenir en respect des voisins que les richesses naturelles d'un sol pourraient attirer, n'ont pas encore trouvé d'autres moyens que le système de la paix armée. Les Argentins, au fur et à mesure que s'accroissaient leurs richesses, ont dû, comme tous les autres habitants des pays civilisés, faire des sacrifices importants pour constituer une armée et une marine susceptibles de les défendre en cas de conflit, L'armée, telle qu'elle est aujourd'hui, ne ressemble aucunement à ce qu'elle était il y a encore quelques années ; ce fut en 1895, que le Président de la République, le général Roca, fit promulger une loi établissant le service obligatoire pour une durée de 60 jours ; le rachat était du reste autorisé ; ce système fut aboli en 1907 ; le service devint alors obligatoire pour tous les citoyens de 20 à 45 ans sans possibilité de rachat, sur les bases suivantes : un an dans l'armée permanente, 9 ans dans la réserve, 10 ans dans la garde nationale et 5 ans dans la territoriale. Ceci pour l'armée de terre. Dans la Marine, le service est de 2 ans et les hommes sont désignés par voie de tirage au sort. En plus des conscrits argentins, il y a 5000 volontaires gradés ou soldats rengagés ; ce chiffre est rarement atteint en raison des débouchés que les jeunes gens trouvent facilement dans le commerce et l'agriculture. La solde des officiers n'est d'ailleurs pas assez élevée relativement à la cherté de la vie ; un lieutenant touche par exemple 150 à 200 piastres par mois, la paye mensuelle d'un capitaine est de 280 piastres, celle d'un colonel de 700 et d'un général de division de 1200. L'effectif des forces argentines pour 1912 a été fixé à 19488 hommes composant 10 régiments et 10 bataillons d'infanterie, 9 régiments de cavalerie, 5 régiments d'artillerie montée, 2 groupes d'artillerie de montagne, 1 groupe d'obusiers,

5 bataillons du génie, 1 bataillon des chemins de fer, 1 bataillon d'infanterie sur pied de guerre, 6 batteries à cheval de mitrailleuse et artillerie de siège, des escadrons d'écoles de cavalerie, une compagnie topographique, des télégraphistes, archivistes, cyclistes, commis d'administration et disciplinaires. En temps de guerre, le pays disposerait d'une armée de première ligne de 70000 hommes et d'environ 100000 hommes de réserve. Les troupes sont armées du fusil et de la carabine Moser modèle 1891, l'artillerie possède le canon Krupp à tir rapide de 75 millimètres modèle 1896-98. En temps de paix, l'uniforme rappelle celui de l'armée allemande, ce qui donne aux soldats un aspect lourd; l'uniforme de campagne, beaucoup plus léger et pratique, est celui des volontaires anglais et américains, Le soldat argentin est en général intelligent, résistant et discipliné. Le Gouvernement se préoccupe de plus en plus de son instruction et des cours obligatoires pour illettrés ont été créés dans les casernes. Les officiers sortent tous du collège militaire où l'on entre à la suite d'un examen, ils perfectionnent leur instructio

spéciale à l'École Supérieure de Guerre ou aux Écoles du Génie, aux Écoles des officiers et aux Écoles de Tir. Par suite même de la nature du pays, dont la population n'atteint pas le vingtième de ce qu'elle pourrait être, l'on conçoit que le Gouvernement argentin n'ait aucune velléité de conquête, aussi ne peut-on établir de comparaison entre son armée et les troupes des grandes nations européennes. Cette petite armée a cependant toutes les qualités voulues pour le rôle auquel elle est destinée, c'est-à-dire la guerre défensive et la parade immédiate des attaques extérieures. Il faut remarquer que ce pays est peut-être celui du monde qui ait signé le plus de traités d'arbitrage permanent; grâce à cette politique si sage tout danger de conflit semble devoir être écarté à moins d'incidents exceptionnels que les politiques les plus adroits ne peuvent prévoir.

La vaste étendue de côtes que possède la République l'a forcée à construire des ports militaires et à constituer une flotte de guerre relativement importante pour protéger son commerce et garantir la paix. La Marine du pays possède à l'heure actuelle 605 officiers de tous grades, 2 vice-amiraux, 5 contre-amiraux, 20 capitaines de vaisseau, 40 capitaines de frégate, 60 enseignes de vaisseau, et 60 enseignes de frégate, 40 aspirants, 253 médecins, officiers et mécaniciens et 2 500 marins. Ce personnel est destiné à s'accroître rapidement et dans de fortes proportions en raison de la nouvelle acquisition que vient de faire l'Argentine de 2 cuirassés, type Dreadnought, de 27 000 tonnes, de 12 torpilleurs de 1 000 tonnes et d'une centaine d'autres unités de moindre importance. Les officiers ingénieurs mécaniciens et électriciens reçoivent l'enseignement spécial à l'École Navale Militaire située dans l'arsenal de La Plata. Les cours ont une durée de cinq ans. Les élèves passent la dernière année de scolarité à bord de la frégate-école *Présidente Sarmiento* et accomplissent un voyage de circumnavigation autour du monde. A l'arsenal de La Plata se trouve également une École d'application pour la marine marchande. La flotte comprend 46 navires, se répartissant en : 4 croiseurs cuirassés, *Garibaldi*, *San Martin*, *Belgrano*,

Puyrredon; 2 croiseurs cuirassés de fleuve, un garde-côte cuirassé, *le Brown*, 2 canonnières cuirassées, 5 croiseurs protégés, 3 contre-torpilleurs, 22 torpilleurs, 6 transports et le vaisseau école. Les deux Dreadnoughts ont été commandés aux États-Unis et portent les noms : *la Rivadavia* et *la Moreno*. La carcasse de *la Rivadavia* a été lancée le 26 août 1911 au quai de la Fore River Ship Building Company de Quincy (Massachussets), celle de *la Moreno* le fut le 23 septembre 1911 aux chantiers de la New-York Ship Building Company de Camden (Philadelphie). En vue de la réception de ces nouvelles unités, il a été nécessaire de procéder à d'importants agrandissements dans les arsenaux de La Plata et de Puerto Militar, grand port de guerre de la République, situé dans la baie de Bahia-Blanca.

CHAPITRE VI

Le crédit et l'organisation bancaire en Argentine. — Considérations Générales sur le crédit. — Crédit commercial et agricole. — Circulation des effets de commerce.

L'étude à laquelle nous venons de nous livrer sur la République Argentine nous a permis de constater une progression extraordinaire dans toutes les branches de l'activité. Nous avons pu voir que le commerce est considérable, que les importations et les exportations vont sans cesse grandissant, que la population s'accroît et ce sont là des signes indéniables de la prospérité économique d'un grand peuple.

Pour que nous réalisions le but que nous nous sommes proposé en nous livrant à cet examen, il nous reste à voir quelle est la répercussion de cet élevage, de cette agriculture, de cette industrie sur le commerce international, et à nous rendre compte des remèdes que l'on pourrait apporter aux défectuosités que nous pourrons rencontrer.

Nous ne sommes plus au temps où l'on pro duisait uniquement pour soi; le producteur est aujourd'hui un commerçant et c'est même là son but principal : ce qu'il ne consomme pas, il l'échange contre un intermédiaire qui est la monnaie.

L'homme a besoin pour produire utilement aujourd'hui de ce qu'il a gagné dans les productions antérieures; s'il ne possède rien ou s'il n'a pas de disponibilités, s'il débute ou si les circonstances sont difficiles, que va-t-il se passer? Il devra alors se retourner vers cette institution admirable, base de tout commerce et de tout échange : le crédit.

Rien ne se crée de rien et l'extension, la propérité d'un pays peuvent se mesurer à la façon plus ou moins bonne dont le crédit y est organisé. Le crédit dans un pays neuf doit être complet, pratique et facilement abordable; c'est un facteur final et indispensable de la réussite économique. De son organisation dépend le succès ou la ruine des entreprises;

par sa faute, l'avenir peut-être magnifique d'un pays, peut se trouver ruiné. Le crédit, c'est encore de l'échange, ce n'en est même qu'un élargissement ; « il se fait dans le temps, au lieu de se faire dans l'espace ; on peut le définir l'échange d'une richesse présente contre une richesse future (1). » Et vraiment, le crédit est le remède universel qui permet au commerce de s'étendre, aux fortunes de s'établir, car avec l'espoir d'une richesse future, on pourra se procurer dès à présent celle dont on a besoin pour produire.

Le crédit dans le sens le plus large du mot est la faculté pour un individu, une association ou une nation de trouver des prêteurs ou, par extension, c'est la confiance accordée par le capitaliste à l'emprunteur, par le producteur au consommateur, et, d'une façon plus étendue encore, par le possesseur des instruments de travail au travailleur. Il va sans dire que le crédit ne peut se développer et atteindre son plus haut degré de perfectionnement que dans les pays possédant une civilisation déjà très

(1) Ch. Gide, *Principes d'Économie politique*, p. 370.

avancée. Dans l'enfance des Sociétés, aux époques où les relations entre les hommes sont rares et difficiles, où la confiance n'existe pour ainsi dire pas, le seul mode de réaliser les échanges est la tradition manuelle. L'individu ne se dessaisit de ce qui lui appartient qu'à la condition de recevoir à la place l'objet qu'il désire. L'invention de la monnaie est un premier pas dans la voie du crédit ; on la doit au développement du commerce, aux relations entre les nations voisines, aux besoins intérieurs qu'elle a fait naître, mais il faut remarquer que l'échange d'une marchandise contre de la monnaie ne suppose pas une confiance bien étendue, puisque, encore ici, on ne se dessaisit d'une denrée qu'à la condition d'en recevoir une autre, de nature différente, il est vrai, mais que l'on sait pouvoir échanger de nouveau contre les choses nécessaires à l'existence.

Le crédit naquit réellement lorsque les hommes ont eu assez de confiance les uns dans les autres pour abandonner les richesses présentes en échange d'une promesse de remboursement éloigné ou de paiement futur.

Ce jour-là, le principe de la vente à terme et du prêt fut posé, le crédit se trouva constitué; et, lorsque les hommes rendus assez ingénieux par les difficultés qu'ils trouvèrent à faire des échanges avec des nations lointaines créèrent la lettre de change et les billets à ordre, un progrès immense fut réalisé dans la voie de la richesse et de la prospérité.

La Société moderne se compose d'hommes qui peuvent et veulent travailler, mais qui ne possèdent pas les instruments nécessaires à leur travail ; à côté d'eux, vivent d'autres hommes qui les possèdent et qui ne veulent ou ne peuvent s'en servir. Il est donc juste et nécessaire que celui-ci mette à la disposition de celui-là le capital qui lui est nécessaire pour travailler et ceci est d'autant plus vrai que si le possesseur de l'instrument de travail — en l'espèce, le capitaliste — gardait par devers lui l'argent dont il dispose, ce capital resterait improductif et les bases mêmes de la Société seraient atteintes par cette façon de faire, tandis qu'au contraire, en le remettant entre les mains d'hommes ayant le savoir et l'énergie, susceptibles de faire produire à ce capital des intérêts, cet argent devient une source de bien-être, non seulement pour celui qui prête, puisque le prêt par lui consenti lui est une source de revenus, mais encore pour la Société en général qui trouve, grâce au travail d'échange occasionné, un plus grand bien-être et un regain d'activité.

Or, ce qui est vrai pour les hommes, l'est également pour les pays. Certaines nations de civilisation ancienne et qui sont à l'heure actuelle exploitées depuis des générations ont accumulé des réserves considérables de capitaux; d'autres, de création récente, mettent à la disposition des hommes des espaces immenses, des richesses incalculables, mais, pour que ces richesses soient extraites du sol, pour que ces espaces soient mis en valeur, il est nécessaire que la nation riche consente à la nation jeune des prêts qui permettront à celle-ci une exploitation rationnelle de ses richesses naturelles, et cela, pour le profit de l'humanité entière.

Le crédit cependant ne sera raisonnable que lorsque les prêteurs seront assurés de ne subir aucune perte, que la promesse de l'emprunteur sera considérée comme équivalente à du numéraire. Pour atteindre ce résultat, il faut que l'emprunteur présente des garanties sérieuses ; ces garanties peuvent consister en immeubles, meubles, fonds de commerce, ou dans les qualités morales d'honorabilité que peut offrir le demandeur.

Dans les relations courantes entre les hommes, le crédit peut se diviser en deux parties : le crédit commercial et le crédit agricole. Le crédit commercial est né des rapports qui se sont établis entre les négociants de localités éloignées et de nationalités diverses ; dès que ces rapports prirent naissance, il se créa toute une classe d'intermédiaires qui prirent le nom de banquiers. Ces derniers se chargèrent, en vue de faciliter les échanges, de compenser jusqu'à due concurrence les créances et les dettes d'une place sur l'autre, afin d'éviter autant que possible le risque des transports des monnaies. Ces compensations se faisaient et se font encore par la lettre de change. Ce merveilleux instrument de crédit remonte à la plus haute antiquité ; on la retrouve chez les Assyriens et les Babyloniens, plusieurs siècles avant l'ère chrétienne; les banquiers phéniciens et romains, qui avaient établi des comptoirs dans tout le bassin de la Méditerranée, l'utilisèrent et chacun sait ce que furent au moyen âge les Lombards qui mobilisèrent le commerce des lettres de change. C'est à cette époque que sont fondées les premières grandes banques par actions, dont les plus anciennes paraissent avoir été celle de Venise créée en 1171, celle de Barcelone qui date du XIVe siècle, celle de Gênes fondée en 1407. Ces banques et celles qui suivirent contribuèrent dans la plus large mesure au développement commercial de l'époque de la Renaissance. Elles se consacraient cependant presque exclusivement au commerce du change. Les banques d'affaires n'apparaissent guère qu'au XVIIIe siècle; elles tirent à elles les capitaux pour les faire fructifier et les employer aux entreprises diverses. De véritables banques d'affaires furent la Banque d'Angleterre, qui émit des promesses de paiement, véritables billets garantis par une encaisse métallique, et la banque générale de Law, dont le succès fut d'abord si éclatant avant de s'effondrer sous les abus de la spéculation. Le XIXe siècle fut marqué par une véritable éclosion de banques d'affaires, ce qui s'explique par le développement industriel et le formidable essor donné au commerce international par les grandes découvertes de la science : chemins de fer, navigation à vapeur, télégraphe, etc. Ces banques réglementèrent les crédits et furent les ouvrières du prodigieux mouvement d'activité dans lequel nous vivons.

A l'heure actuelle, qu'il s'agisse d'une banque privée ou d'une Société de crédit, le banquier est l'intermédiaire entre le possesseur et le demandeur. A l'un, il demande ses capitaux, afin qu'il puisse les prêter à l'autre. Cet emprunt que fait le banquier au possédant se réalise sous diverses formes, dont la plus usuelle est le dépôt. Le dépôt de fonds chez le banquier se classe en deux catégories : le dépôt à vue et le dépôt à terme. Il va sans dire que les fonds ainsi déposés sont productifs d'intérêts, lesquels sont essentiellement variables. Pour produire ces intérêts, le banquier utilise les dépôts à diverses opérations de caractère absolument sûr et présentant des garanties évidentes; la plus usuelle parmi ces opérations de crédit est l'escompte.

L'escompte peut se définir la déduction d'une certaine somme prélevée sur le montant d'une valeur payable à une époque ultérieure ; c'est en d'autres termes une opération par laquelle un banquier consent une avance à un individu contre une promesse de payer dans un temps généralement assez court. Cette promesse est représentée par une reconnaissance de dette, dite effet de commerce, et le banquier devient possesseur par endossement. Le bénéfice bancaire consiste dans un prélèvement effectué sur la somme due pour prix du service rendu. De ce papier de commerce qu'il a escompté et dont il est devenu propriétaire, le banquier peut faire usage; il s'en sert comme de monnaie courante et c'est pour lui une économie de numéraire qui lui donne la facilité d'établir des compensations et des virements de place à place. Il faut observer que l'escompte commercial, le seul que les Sociétés et les banquiers consentent en principe, n'est pas du crédit personnel, mais du crédit réel dans ce sens qu'il a pour base et pour gage une opération de commerce effective. Les banques réalisent également nombre d'autres opérations par les dépôts qui leur sont confiés ; nous n'avons pas à entrer ici dans leurs détails, qui sont encore du crédit, mais qui nous feraient sortir du cadre de notre étude.

Le crédit agricole est celui qui est consenti en vue de la culture de la terre ; il facilite la production nécessaire à l'existence. Le remboursement des prêts repose sur les récoltes et, comme il y a là une loi naturelle qui se renouvelle chaque année, il semble bien que ce crédit présente les meilleures conditions et que le remboursement soit d'avance assuré. Cependant, le prêt à l'agriculture est généralement d'une réalisation difficile ; l'expérience semble bien le démontrer, car ce genre de crédit est celui qui a amoncelé le plus de ruines. Cela est facilement compréhensible, car de toutes les industries, l'agriculture est celle qui présente le plus d'alternatives de disette et de surabondance. Le cultivateur, au moment où il emprunte pour acheter des semailles a toujours tendance à préjuger la prochaine récolte comme excellente ; il se lance alors dans des dépenses évidemment fort utiles ; mais, si la récolte est mauvaise, la ruine du paysan est certaine. Ce crédit présente donc de réels dangers ; il ne faudrait pas cependant en conclure qu'il faille en éloigner les cultivateurs ; bien au contraire, le crédit agricole est aujourd'hui une nécessité et il est indispensable à un pays qui ne veut pas piétiner sur place et se laisser distancer par les nations concurrentes. Il est en Argentine de première nécessité, tout d'abord pour la transformation de la culture extensive en culture intensive. Il permet au cultivateur pressé d'argent de ne pas vendre ses denrées à contretemps et il lui permet aussi d'acheter un domaine qui pourra devenir, par suite de son intelligente activité, une source de bénéfices considérables. Il se présente dans la vie une foule d'autres circonstances où le crédit agricole devient un sauveteur pour le propriétaire terrien ; s'il a par exemple à acquitter des dépenses de procédure ou de maladie, afin d'éviter la vente à contretemps qui peut à jamais le ruiner, il pourra contracter un emprunt plutôt que d'aliéner sa terre en totalité ou en partie. Il en est de même lorsqu'il s'agit de l'achat du bétail ou des instruments agricoles; il est nécessaire que le cultivateur ait sur sa terre un nombre suffisant d'animaux pour la mettre convenablement en valeur et pour faire des provisions suffisantes d'engrais. Il peut être arrêté dans ses achats de bétail par la nécessité de payer comptant; il aurait donc à ce moment tout intérêt à pouvoir se le procurer à crédit. C'est dans ce but que se sont déjà créées en Allemagne et en Suisse des banques qui ont pour objet d'acheter du bétail au comptant pour le revendre ensuite à terme aux cultivateurs. Il en est de même des instruments aratoires; s'il peut les acheter à crédit, le propriétaire ne courra pas le risque de cultiver ses terres d'une façon insuffisante faute de disponibilités immédiates.

Les formes principales du crédit agricole sont les suivantes : crédit foncier, crédit mobilier, crédit personnel. Chacune de ces formes correspond évidemment à des nécessités spéciales. Lorsque l'emprunt est fait en vue d'entreprises devant offrir un caractère constant, le crédit foncier hypothécaire doit être préféré ; il est peut-être plus coûteux que les autres, mais il faut tenir compte que les frais se trouvent répartis sur un grand nombre d'années. Il peut se faire que les entreprises offrent un crédit de moins longue durée — ainsi en sera-t-il lorsque le cultivateur se proposera d'acheter des étalons, des machines ou même de planter une vigne qui ne devra donner de fruits qu'au bout d'un certain temps — dans cette seconde hypothèse, le capital sera reconstitué plus tôt que dans le cas précédent et il serait exagéré d'avoir recours au crédit hypothécaire. Dans ce cas, le prêteur devra prendre des garanties qui pourront consister en objets mobiliers : c'est le crédit mobilier. Quant aux travaux qui ne nécessitent que des dépenses annuellement, le crédit personnel sera alors suffisant, tels seront les achats de semences et d'engrais qui doivent normalement se trouver remboursés par la récolte suivante, et si le cultivateur offre des garanties d'honorabilité et de solvabilité suffisantes, le prêteur se contentera d'une simple promesse de remboursement.

De ces trois formes de crédit, il est hors de

doute que c'est la première qui offre les garanties les plus fortes. On peut dire de la sûreté de l'hypothèque qu'elle est absolue dans ce sens que la terre ne peut ni périr ni être volée. Aussi le crédit foncier hypothécaire est la forme la plus ancienne du prêt agricole. En France, à l'heure actuelle, il implique l'intervention du notaire et celle du conservateur des hypothèques chargé de l'enregistrement et de la publicité. C'est à cette forme de crédit que se rattache l'installation en France de la banque spéciale intitulée « Crédit Foncier », qui permet aux prêteurs de placer immédiatement sur les terres les sommes qu'ils désirent, en ne courant qu'un minimum de risques, et qui offre en même temps aux emprunteurs l'avantage considérable de pouvoir amortir leur capital par annuités ajoutées aux intérêts.

Le crédit mobilier a pour organe le warrant agricole, grâce auquel le cultivateur peut donner en gage les produits de son exploitation sans s'en dessaisir, à moins qu'il ne préfère garantir sa dette par les meubles agricoles : bestiaux, instruments aratoires, etc.

Dans le crédit personnel, le droit du prêteur n'est garanti par aucun privilège spécial, mais bien par l'ensemble du patrimoine du débiteur. Ce sont surtout ici les qualités morales de la personne qui entrent en considération. Le pauvre, il est vrai, trouvera difficilement à emprunter sous cette forme; il y parviendra cependant grâce à l'association. Un groupement de personnes honorables, unies entre elles par un lien de solidarité, répondant personnellement des dettes contractées par chacun des membres, trouvera le crédit qu'on refusait à l'individu isolé, insuffisamment solvable.

Il est aisé de voir maintenant combien différentes sont les règles qui régissent le crédit commercial et le crédit agricole.

Dans les affaires commerciales, la durée du contrat de crédit sera généralement courte, et cela tient à ce que ce contrat porte sur des objets ou marchandises de transformation, de vente ou de consommation facile et relativement rapide. Les échéances seront généralement de trois mois maximum et encore serons-nous ici en présence du *papier long* par opposition au *papier court* dont les échéances seront encore plus rapprochées.

Dans un contrat de crédit agricole, au contraire, passé par un propriétaire qui a acheté des semences ou des engrais, il va de soi que l'échéance sera plus lointaine et correspondra à l'époque où le blé récolté pourra être vendu. La durée du contrat devra même être encore plus longue et se prolonger plusieurs années, si le prêt a été consenti pour des constructions et améliorations foncières. Le plus souvent même, ces contrats ne seront conclus qu'autant que l'emprunteur offrira des garanties spéciales, ordinairement des garanties hypothécaires. D'où nous trouvons dans le crédit commercial, dans le crédit agricole et dans le crédit foncier des différences sensibles qui tiennent à des considérations les plus diverses dont l'usage que l'on fait de l'argent emprunté n'est pas la moindre.

Le crédit en Argentine. — *Système monétaire.* — Le système monétaire de la République Argentine a été fixé par la loi du 5 novembre 1881. Il a pour base la piastre or qui vaut 5 francs au pair et qui se divise en 100 centavos. La piastre or pèse 1gr,6129, au titre de 900 millièmes de fin. Elle n'est frappée que par pièces de 5 piastres or, sous la dénomination d'argentin. L'argentin pèse, poids légal, 8gr,0645 et poids moyen 8gr,05 au titre légal de 900 et au titre réel de 899, 8, sa valeur intrinsèque étant de 24 fr. 925.

La monnaie courante pour les transactions ordinaires est la piastre papier qui équivaut à 44 centièmes de piastre or, environ 2 fr. 20 de notre monnaie.

Le numéraire en circulation consiste en pièces de nickel et billets de papier. Les pièces de nickel sont de 5, 10 et 20 centavos (centièmes) de monnaie nationale, les billets de papier de 1, 5, 10, 50, 100, 500 et 1 000 piastres monnaie nationale.

Si la valeur du papier-monnaie par rapport à l'or a été autrefois très instable, on peut au contraire considérer la stabilité du change comme une chose acquise. Le cours de l'or s'est maintenu à partir de 1902 à 227,27 p. 100, taux sur lequel s'établit la parité de la piastre papier (1). Il est intéressant de donner à ce sujet quelques renseignements sur la crise qu'a traversée le sytème monétaire argentin, sur la situation actuelle et sur les projets du gouvernement.

Nous avons déjà eu l'occasion de faire remarquer que pendant la première période de la mise en valeur du pays, période que l'on peut fixer entre 1881 et 1891, caractérisée par l'exécution des premiers grands travaux publics, les budgets argentins s'étaient soldés par des déficits constants se chiffrant à plus de 240 millions de piastres, c'est-à-dire plus de 1 milliard 200 millions de francs. Pour combler ce déficit, le Gouvernement argentin se vit contraint d'avoir recours à des émissions de papiers monnaie. Le phénomène économique connu sous le nom de « loi de Gresham » ne devait pas tarder à se produire : la mauvaise monnaie, le papier, chassa la bonne, l'or, et le Gouvernement fut acculé à décréter le cours forcé, jamais aboli depuis.

Par suite de l'exagération des émissions, on en arriva à la dépréciation des billets à cours

(1) GARZON, p. 335.

forcé. En 1887, la prime sur l'or n'était encore que de 38 p. 100, elle monte en 1888 à 50 p. 100, en 1889 à 97 p. 100, en 1890 à 153 p. 100, en 1891 à 277 p. 100. La charge de la dette extérieure devint très lourde par suite de cette dépréciation : le Gouvernement dut suspendre le service de la dette publique

Cette situation constituait un obstacle des plus sérieux au développement du commerce extérieur du pays. On dut, pour y porter remède, prendre des mesures en vue de la conversion de l'amortissement graduel du papier-monnaie. Dans ce but, la loi créa un « fonds de conversion » dont les éléments étaient composés des réserves métalliques des banques garanties, des sommes dont ces mêmes banques étaient débitrices pour la valeur des titres achetés comme garantie, des fonds publics émis pour garantir les émissions des banques, de toutes les sommes qui, en vertu de dispotions législatives, étaient destinées à la conversion et à l'amortissement des billets de banque, et, d'une façon plus spéciale, celles qui provenaient des économies faites sur le budget général. A cet effet, le Gouvernement conclut en 1891 avec des banquiers anglais un contrat pour l'émission d'un emprunt de 75 millions de piastres or, en vertu duquel il devait être retiré, pendant les années 1891, 1892, 1893, 15 millions de piastres en billets, soit 45 millions pour les trois ans. Cette tentative, qui dénotait de la part du Gouvernement d'excellentes intentions, devait échouer, et à la fin de 1892, il n'avait été incinéré que 4837287 piastres de papier-monnaie, alors que le Gouvernement s'était engagé à retirer 30 millions de la circulation! Les incinérations furent plus nombreuses en 1893 et 1894, mais comme le Gouvernement avait en même temps procédé à de nouvelles émissions très importantes de papier-monnaie, loin de s'améliorer la situation ne fit que s'aggraver.

La proportion du stock d'or à la circulation fiduciaire s'est graduellement élevée de 23 p. 100 en 1903 à 67,925 p. 100 en 1911. Cela tient à ce que depuis 1902, date à laquelle elle commença à recevoir de l'or, la Caisse de conversion a sans cesse augmenté son stock de métal. L'on ne peut mieux se rendre compte des progrès accomplis qu'en considérant qu'au commencement de l'année 1902 les 293 millions de piastres de billets en circulation n'avaient pas de garantie métallique, tandis qu'à la fin de 1911, la circulation totale des billets, se chiffrant par 722 664 753 piastres papier, était représentée par une garantie métallique de 215 985 476 piastres or dont 185 985 476 piastres or de la Caisse de conversion et 30 000 000 du Fonds de conversion constitué ou « Banco de la Nacion Argentina ». C'est là un résultat dont on ne peut que se louer si l'on songe que la garantie de l'or par rapport aux billets à la Banque de France était au 31 décembre 1911 de 60,37 p. 100 seulement; que celle de la Banque d'Allemagne s'élevait à 32,34 p. 100 et que pour la Banque d'Angleterre, la proportion de la réserve aux engagements atteignait 46,97 p. 100 (1).

Voici un tableau qui permettra de se faire une idée de l'augmentation progressive du stock de l'or en République Argentine, les chiffres étant indiqués en piastres or (2).

(1) GARZON, p. 239.
(2) GARZON, p. 341.

Années.	Caisse de Conversion.	Dans les banques.	Total.
1903 (31 déc.)..	38 241 147	33 258 577	71 499 724
1904 —	50 341 638	44 932 952	95 274 590
1905 —	90 152 048	37 237 426	127 389 474
1906 —	102 731 014	30 060 998	132 792 012
1907 —	105 113 871	39 807 722	144 921 593
1908 —	126 721 723	47 670 137	174 391 860
1909 —	172 519 897	67 148 028	239 667 925
1910 —	185 991 385	67 491 505	253 482 890
1911 —	185 985 476	59 294 162	245 279 638

Il est vrai que la circulation fiduciaire croît elle aussi, par suite du grand nombre d'émissions. Le total de cette circulation était, au 31 décembre 1903, en *piastres papier* de 380 197 957 et elle s'élève au 31 décembre 1911 à 722 664 733. Quelques financiers en ont profité pour exprimer des craintes, et se demander si on ne pourrait prévoir un péril économique, à raison de l'inflation que provoquent de pareilles émissions. Il est cependant évident que ces alarmes sont imaginaires, du moment que ces émissions sont garanties par une réserve métallique correspondante déposée à la Caisse de Conversion (1).

Il n'est pas surprenant qu'en présence d'une

(1) GARZON, p. 340.

situation générale économique aussi favorable, le Gouvernement ait eu la pensée de reprendre les paiements en espèces et de supprimer le cours forcé. Plusieurs projets dans ce sens ont été mis à l'étude ces dernières années. Dans celui qui a été soumis au Congrès à la fin de 1910, il est question de prendre comme unité monétaire la piastre or, équivalant à 44 p. 100 de l'ancienne piastre : 2 fr. 20 environ. On rendrait libre la frappe de la monnaie d'or qui serait effectuée dans les ateliers de l'État; à la Banque Nationale un compartiment serait créé qui s'occuperait spécialement des questions relatives à la monnaie. Des billets remboursables à vue et en or seraient émis par ce compartiment en échange de l'or; on porterait le fonds de conversion actuel à 60 millions de piastres. Lorsque ce chiffre serait atteint, la Banque serait autorisée à échanger tous les billets en circulation contre de nouveaux billets remboursables en or. Ce projet, dont nous ne faisons qu'indiquer les grandes lignes, aurait incontestablement pour résultat d'assainir définitivement la situation monétaire du pays. On ne peut que souhaiter son adoption le plus tôt possible.

Organisation bancaire. — Le développement des banques est intimement lié à l'extension commerciale, puisque les banques ont pour principal but de faciliter les transactions. Et dans le développement bancaire argentin — cela ressort de nos constatations antérieures — nous allons retrouver un caractère nettement international : le commerce extérieur est en effet presque exclusivement aux mains des étrangers : Français, Anglais, Allemands, Espagnols, Italiens, Belges, Américains du Nord, etc.

Les Banques opérant en Argentine sont, en général, admirablement organisées. Elles représentent un capital de près de 660 millions de francs et elles se sont efforcées, dans le but de développer leur clientèle, d'étendre et de perfectionner sans cesse leurs services courants de Banque et de donner au commerce des facilités de plus en plus grandes.

Avant de les étudier, il est nécessaire de s'arrêter quelque temps sur l'organisation et le fonctionnement de la Banque de la Nation qui rappelle, à certains points de vue, notre Banque de France, bien qu'elle en diffère à bien des égards. Il nous semble important également d'attirer l'attention sur l'observation générale suivante qui est d'une grande importance pour la compréhension de notre étude :

1° Il n'existe pas en Argentine une Banque d'émission réglant le crédit en même temps que la circulation.

2° Les banques privées sont de ce fait dans l'impossibilité de réescompter leur portefeuille.

3° Elles sont obligées, pour cette dernière raison, de maintenir constamment une forte encaisse-or.

LA BANQUE DE LA NATION (1).

La Banque de la Nation présente un caractère officiel en ce sens que le Gouvernement garantit tous ses engagements. Elle est dans une situation extrêmement prospère par suite

(1) Cf. Lewandowsky, p. 307 et 308.

de l'accroissement continuel de ses opérations et de l'augmentation constante de ses dépôts qui dépassent aujourd'hui le chiffre respectable de 800 millions de francs.

Cette banque est née au milieu d'une des crises les plus graves qu'ait traversées l'Argentine, en 1890; on se rappelle que cette crise, qui eut un caractère à la fois politique et financier, fut la conséquence des abus et des erreurs de l'autorité. La création de la nouvelle Banque apparut comme le remède nécessaire à la situation. Le Gouvernement de M. Pellegrini, alors au pouvoir, assigna à la Banque de la Nation un capital de 50 millions de piastres, devant être fourni par souscription publique. Les actionnaires possédaient certains droits d'intervention dans l'administration de la Banque, mais comme en France, le Gouvernement s'était réservé la nomination du Directeur.

Les bonnes intentions du Gouvernement argentin laissèrent le public indifférent. Averti par l'expérience qu'il venait de subir du peu de solidité des institutions officielles, il s'abstint de souscrire aux actions qu'on lui offrait; le Gouvernement fut obligé de remplacer la souscription par une émission fiduciaire : d'où accentuation du caractère officiel de la Banque.

Tous les Gouvernements qui se sont succédé au pouvoir, il faut leur rendre cette justice, ont toujours cherché à gagner la confiance du public en plaçant à la tête de la Banque Nationale des hommes profondément intègres et des mieux entendus aux affaires. La Banque devint peu à peu populaire ; le public d'aujourd'hui se rend compte des services considérables qu'elle rend au commerce et à l'industrie et lui accorde toute sa confiance ; elle est d'ailleurs méritée, on s'en rend parfaitement compte en passant en revue le mouvement ascensionnel des opérations.

Le montant des dépôts a quadruplé depuis 1902, passant de 96 millions de piastres papier à 372 millions au 31 décembre 1911. La progression des escomptes et avances est encore plus sensible, puisqu'ils ont passé de 78 millions de piastres papier en 1902 à 406 millions au 31 décembre 1911. Même observation pour l'encaisse : 61 millions en 1902, plus de 200 millions de piastres au 31 décembre 1911. La marche ascendante apparaît surtout remarquable dans la comparaison que l'on peut faire des bénéfices : en 1902, ces bénéfices ont été de 323 000 piastres papier ; en 1911, ils se chiffrent par 7 641 881 piastres papier et en l'espace de 10 ans, malgré de nombreuses dépenses d'amortissement qu'elle a été obligée d'engager, notamment à propos des amortissements d'immeubles, le total des bénéfices nets qu'elle a réalisés se monte à 46 millions de piastres. Quant à son capital, il était en 1902 de 50 millions de piastres papier, il est au 31 décembre 1911 de 142 millions. Son fonds de réserve a passé dans le même temps de 2 millions de piastres or à 9 804 171.

La Banque de la Nation possède un très grand nombre de succursales sur l'étendue du territoire argentin ; elles sont aujourd'hui au nombre de 128 et ce nombre a tendance à augmenter tous les ans ; conséquence naturelle, leur chiffre d'affaires a progressé d'une façon très sensible. On peut en juger par le tableau suivant où les nombres sont donnés en francs.

Années.	Portefeuille.	Découverts en comptes courants.	Dépôts.
1905	213 947 518	14 326 265	192 675 034
1907	246 217 820	21 522 490	210 825 084
1908	279 917 257	19 352 980	255 266 268
1909	351 917 257	24 666 000	355 520 000
1910	416 809 000	30 423 000	400 444 000

L'augmentation en l'espace de 5 ans est donc de 203 millions de francs dans le portefeuille, de 16 millions dans les découverts en comptes courants, de 208 millions dans les dépôts.

Comme on peut en juger, la prospérité de la Banque de la Nation est en relation directe avec celle du pays. Il ne faut pas oublier qu'un des éléments de cette prospérité est la direction ferme et prudente qui n'a cessé de lui être imprimée depuis sa restauration. Il est infiniment probable que, sans ce facteur indispensable au succès d'une entreprise, les résultats ne seraient pas aussi satisfaisants, malgré le développement général de l'agriculture et du commerce.

La Banque de la Nation, tout en ayant un caractère officiel, en raison des nombreuses opérations qu'elle fait avec le Gouvernement, se rapproche des autres Banques privées en ce qu'elle a, comme elles, des services publics de dépôts et d'escompte.

Avant de passer à l'étude des Banques étrangères, il convient de dire quelques mots des deux principales banques argentines : la Banque de la Province de Buenos-Ayres, et la Banque Hypothécaire Nationale.

BANQUE DE LA PROVINCE DE BUENOS-AYRES (1)

Après avoir subi comme les autres la crise de 1890, la Banque de la Province de Buenos-Ayres a été réorganisée en juin 1906, sur la base d'un capital de 20 millions de piastres papier dont 10 millions devaient être fournis par le Gouvernement de la province et 10 millions par les actionnaires particuliers. Le capital pouvait d'ailleurs être augmenté jusqu'à 50 millions, ce qui fut fait en 1908.

L'administration de la Banque est réalisée de la manière suivante : la direction est con-

(1) Cf. LEWANDOWSKY, p. 312.

fiée à un Conseil composé d'un Président nommé par le Gouvernement de la Province de Buenos-Ayres et de 12 directeurs dont 4 nommés par le Gouvernement lui-même et 8 par les actionnaires particuliers. Toutes les prérogatives, exemptions, privilèges appartenant à l'ancienne institution, sont également attachés à la nouvelle. C'est dans sa caisse, par exemple, que sont déposés à titre gratuit les fonds appartenant aux administrations provinciales et les dépôts judiciaires.

Cette banque est aujourd'hui, grâce à son excellente gestion, en pleine prospérité et l'examen des bilans de ces dernières années nous dénote ses constants progrès :

Dépôts et comptes courants

Années.	Or.	Papier.
1906...........	900 000	40 850 000
1907...........	1 980 000	44 100 000
1908...........	2 000 000	52 750 000
1909...........	1 200 000	74 500 000
1910...........	1 640 000	103 400 000

La progression s'élève à 740000 piastres or et 62550000 piastres-papier. Elle n'est pas moins frappante pour les dépôts judiciaires où elle passe de 11 400 000 piastres papier en 1906 à 17 200 000. Pour les valeurs escomptées et les découverts en comptes courants : 1905, 900 000 et 1910. 980 000 piastres-or ; en piastres-papier 1906, 44 150 000 ; 1910, 131 900 000. Pour le mouvement de la caisse : 1906, en or 244 000, en papier 136 000 000 ; en 1910, or 1 324 000, en papier 33 600 000.

Le chiffre croissant des bénéfices est plus éloquent encore ; ils étaient en 1906 de 2 732 459 francs ; en 1907 de 5 513 791 francs ; en 1908 de 6 172 100 francs et en 1910 de 9 762 279 francs.

BANQUE HYPOTHÉCAIRE NATIONALE (1)

La Banque Hypothécaire Nationale, qui correspond à notre Crédit Foncier, a pour rôle principal de consentir des prêts hypothécaires sur les immeubles. Elle a d'ailleurs une compétence générale, c'est-à-dire qu'elle ne distingue pas selon que les immeubles sont situés

(1) Cf. LEWANDOWSKY, p. 317.

dans la capitale, les provinces ou les territoires nationaux.

Pour se procurer des capitaux nécessaires à ces opérations, elle émet des cédules qui rapportent 5 p. 100 avec un taux d'amortissement de 1 p. 100. Chaque fois qu'elle veut faire une émission, il lui est nécessaire d'obtenir une loi du Congrès. La dernière votée a cet effet porte le N° 8102. Elle a donné l'autorisation de faire des émissions jusqu'à concurrence de la somme de 300 millions de piastres papier (681818180 francs) en cédules de cours légal.

Voici quel a été le total des émissions de cédules jusqu'au 31 décembre 1910 et leur circulation à la même date :

	Émissions totales.	Circulation.
Cédules cours légal............	447 361 000	250 755 300
Cédules or......	20 000 000	9 376 750

La plus grande partie des émissions de cette Banque Hypothécaire Nationale se fait en Europe, dans les grands centres financiers ou commerciaux, comme Londres, Paris, Berlin, Hambourg, Amsterdam, Anvers. Elles sont toujours faites avec le plus grand succès; il en faut chercher la raison dans l'excellence du système hypothécaire argentin. Ce système, dans les détails duquel il nous paraît superflu d'entrer, est l'un des meilleurs de ceux qui existent à l'heure actuelle. A bien des égards, il est bien supérieur au système français; c'est ainsi qu'il n'existe pas en Argentine comme chez nous d'hypothèques générales ou d'hypothèques tacites; les femmes n'ont pas d'hypothèques légales sur les biens de leur mari, ni les mineurs sur ceux de leurs tuteurs. Enfin, il n'existe pas non plus de privilèges immobiliers primant le droit du créancier hypothécaire. Il en résulte une situation extrêmement forte en faveur de ce dernier et l'on s'explique, dès lors, l'empressement avec lequel le public prête ses capitaux à une entreprise qui peut être considérée, grâce à cette excellente législation, comme étant de tout repos.

LES BANQUES PRIVÉES

Elles sont en Argentine extrêmement nombreuses; nous avons déjà indiqué leur caractère international. Elles sont pour la plupart anglaises, allemandes, françaises, italiennes. Ce n'est que depuis une époque toute récente que les banques privées se sont vu imposer par la loi l'obligation de publier périodiquement leur bilan et leur inventaire. Aussi, était-il auparavant très difficile d'obtenir des renseignements exacts sur les opérations des établissements financiers : il en résultait les plus graves inconvénients. Pour connaître la situation des banques anglaises, par exemple, il fallait avoir recours aux archives de la Bourse de Londres pour y chercher les rapports et balances présentés annuellement par les Conseils d'Administration aux actionnaires résidant en Angleterre. Aujourd'hui, grâce à une décision de l'ancien ministre des Finances, le docteur Elcodaro Lobos, prise en 1907, tous les établissements financiers sont obligés de remettre au ministère des Finances dans les premiers jours de chaque mois une balance explicative des opérations, et tous ces renseignements sont livrés à la publicité. Tout le monde peut donc, à l'heure actuelle, se rendre compte exactement de la situation de chacun des établissements financiers fonctionnant dans le pays.

Banques anglaises ou d'influence anglaise. — Les principales sont : la Banco de Londres y Brasil, avec un capital nominal de 2 500 000 £ dont la moitié versée et la Banco Britanico de la America del Sud avec un capital de £ 2000000 dont la moitié versée. Citons encore : la Banco del Londres et del Rio de la Plata et la Banco Anglo South America. Il est certain que les Anglais jouissent à l'heure actuelle d'une incontestable supériorité sur le marché bancaire, grâce aux achats considérables qu'ils effectuent dans le pays en grains, laines et peaux, ainsi qu'aux importations très élevées qu'ils réalisent chaque année. Ils sont toutefois depuis quelque temps très concurrencés par les Allemands. Les Banques anglaises, dont la plus ancienne remonte à 1862, sont en général bien administrées et distribuent de gros dividendes : la Banco de Londres et del Rio de la Plata n'a pas donné en 1910 moins de 20 p. 100 et la Banco de Londres y Brasil moins de 17 p. 100.

Banques françaises ou d'influence fran-

çaise. — Dans ce groupe, la plus importante est de beaucoup la Banco francese del Rio de la Plata ; sa direction générale est à Buenos-Ayres et elle a plusieurs succursales dans le pays. Outre ses opérations courantes, elle délivre des lettres de crédit pour les voyages en Europe ; elle se charge également de l'administration des propriétés et réalise des prêts hypothécaires. Il convient de mentionner également la Banque Hypothécaire Franco-Argentine, la Banco Popular Argentino, la Banque Argentine et Française, le Crédit Foncier du Nord de l'Argentine, la Société des prêts hypothécaires en Argentine, la Caisse hypothécaire Sud-Américaine, le Comptoir Foncier Franco-Argentin, la Caisse hypothécaire Argentine, le Crédit Foncier de Santa-Fé, le Crédit-Foncier de Buenos-Ayres et des Provinces Argentines, la Banque Française et Italienne pour l'Amérique du Sud, le Crédit Foncier Argentin, dont les dividendes atteignaient 12 p. 100 au 31 décembre 1911.

Banques allemandes. — Parmi les très nombreuses banques allemandes qui fonctionnent en Argentine, deux méritent une mention spéciale : ce sont la Banco Germanico de la America del Sud et la Banco Aleman Transatlantico; l'une et l'autre ont créé un grand nombre de succursales et d'agences et semblent bien administrées.

Banques italiennes. — Parmi les plus importantes, il faut remarquer la Nuevo Banco Italiano, la Popular Italiano, la Commercial Italiano, et surtout, la Banco de Italia y Rio-de-la-Plata au capital de 20 000 000 de piastres papier et dont le chiffre d'affaires est considérable.

La plus importante des banques espagnoles est sans contredit la Banco Espanol del Rio-de-la-Plata, dont la situation se présentait au 30 juin 1912 ainsi qu'il suit :

Capital autorisé	100 000 000	de piastres.
— émis	89 537 330	—
Réserves	38 818 789	—
Bénéfices	6 505 163	—
Dividende	12 p. 100	

Il convient maintenant de se demander comment fonctionnent ces divers Établissements et quels genres d'opérations ils exécutent.

Pour fonctionner il leur faut un capital relativement important, car en Argentine, les banques ne peuvent pas comme en France mobiliser leurs portefeuilles par le réescompte à la Banque de la Nation; elles sont obligées de se suffire par leurs propres moyens; il en résulte qu'elles doivent toujours maintenir leur encaisse à un chiffre élevé, ce qui ne leur permet pas toujours de donner un emploi lucratif à leurs dépôts de fonds. Les dépôts qu'admettent les banques sont : à vue, à 30 jours, à 60 jours, à 90 jours et à plus long terme, mais elles pratiquent également une sorte spéciale de dépôts, qu'on appelle de « caisse d'épargne » ; cette forme consiste à allouer aux dépôts un intérêt de 3 1/2 ou 4 p. 100 pourvu qu'ils ne dépassent pas suivant les établissements de 5 à 10000 piastres papier et sous la réserve que, s'ils sont retirés avant 60 jours, il ne leur sera rien alloué; au delà de ce terme, les déposants sont libres de retirer leur argent et les intérêts leur sont bonifiés depuis le jour du versement. Ce genre d'opération paraît jouir de la faveur du public. Par suite de la concurrence que se font les divers groupes, le taux de l'escompte s'est très abaissé depuis une dizaine d'années; l'affluence des capitaux à la suite de plusieurs bonnes récoltes a été pour beaucoup aussi dans ce résultat; le taux, qui était resté longtemps entre 7 et 8 p. 100, a une tendance à diminuer sensiblement. La clientèle des banques se porte aussi beaucoup sur les opérations de change; il se fait cependant aujourd'hui moins d'affaires dans cette branche qu'autrefois, par suite de la suppression de la prime de l'or en 1899, qui a réduit les risques à des différences peu sensibles. Ce qui contribue également à rendre la spéculation moins active dans ce genre d'affaires est la tendance pour les commerçants de faire leurs opérations par transfert télégraphique au lieu de les faire comme autrefois en chèque à un mois de date et cela en vue de restreindre les risques. Les affaires de change se traitent sur la base de la piastre or; quant aux règlements, ils se font en or ou en papier, sur la base de 44 centavos or pour une piastre papier.

Il ne faut pas omettre en parlant des banques de mentionner l'existence d'un clearing house sur le modèle de celui fonctionnant à Londres. Il sert à compenser par des virements les sommes dont les banques sont respectivement débitrices, les unes envers les autres. En 1908, les opérations compensées par le clearing house se sont élevées à plus de 5 milliards de piastres. Toutes les compensations sont basées aujourd'hui sur des opérations commerciales ; autrefois, au contraire, les opérations du clearing house portaient pour la majeure partie sur des spéculations de change se rattachant à la prime de l'or.

Ce rapide aperçu des opérations des banques argentines montre qu'elles s'occupent à peu près des mêmes opérations qu'en Europe. Elles ont largement développé le crédit ; possédant une bonne organisation, animées d'un esprit d'entreprise qu'on ne saurait trop louer, ayant une tendance marquée à multiplier leurs services et succursales, ainsi qu'à se mettre à la portée de toutes les situations et de toutes les bourses, elles ont constitué d'excellents instruments pour le développement et la mise en valeur du pays.

Parmi les entreprises lancées et cotées et

rapportant des bénéfices intéressants, les banques sont au premier rang. Bien d'autres affaires cependant que celles que nous avons indiquées dans les précédents chapitres sont cotées en Bourse de Paris, à côté des nombreux fonds d'État qui ont été mentionnés. Il ne faudrait pas cependant se figurer que les affaires argentines ont toutes réussi avec le même succès. Certains noms sont présents à l'esprit de tous et l'on n'a pas oublié des entreprises, telles que : le Crédit Argentin pour prêts agricoles et hypothécaires, The Argentine Union Railway et The Port Argentine Great Central Railway.

Il est permis de se demander la raison de pareilles déconvenues. La non réussite est-elle imputable aux difficultés spéciales que l'on aurait rencontrées dans le pays, aux conditions peu favorables de l'Argentine? Nous sommes suffisamment documentés, semble-t-il, pour être clairement convaincus que toute entreprise a là-bas un terrain de choix à condition toutefois d'être honnêtement et intelligemment dirigée, avec toute la compétence technique nécessaire. Est-ce donc que l'un de ces points se serait trouvé faire défaut? Peut-être! Mais alors pourquoi le public européen et le public français en particulier, ne s'en est-il pas rendu compte? Ses moyens de renseignements, d'investigations et d'études sont-ils réellement suffisants? Ou bien n'y aurait-il pas là une lacune, la première que nous nous permettons de signaler, qui demanderait à être heureusement comblée?

Rôle des banques dans le crédit en Argentine. — Peu d'industrie encore, beaucoup d'agriculture et de commerce, un système bancaire qui semble à première vue suffisamment complet pour satisfaire à leurs besoins respectifs, voilà le bilan de nos investigations sur la situation argentine. Il ne sera cependant pas oiseux d'entrer dans quelques détails sur l'application pratique du mode d'action de ces banques, pour voir dans quelle mesure le rôle qu'elles jouent dans l'extension du pays correspond aux besoins réels de son développement. Nous nous en tiendrons encore ici aux deux principaux points sur lesquels notre attention a déjà été retenue : leur rôle dans le crédit agricole et dans le crédit commercial. Entre un pays neuf comme l'Argentine et un pays dont l'éducation commerciale, agricole et industrielle est entièrement faite comme en France, la différence dans le fonctionnement du crédit apparaîtra beaucoup moins dans la façon dont il sera organisé que dans le taux de l'intérêt que les banquiers exigeront des prêts divers ou de l'escompte. A chacune des formes de crédit agricole et commercial vont correspondre des banques nationales ou étrangères et il a été constaté combien plus nombreuses de beaucoup étaient les banques agricoles. L'Argentine s'est en effet jusqu'à ce jour presque exclusivement développée du côté de l'agriculture et de l'élevage ; sa richesse est dans ce sens; l'industrie et le commerce n en sont que les compléments, qu'il s'agisse de chemins de fer, de ports ou de sociétés diverses. Est-il vraiment surprenant dès lors qu'il existe nombre de grandes banques foncières dont les opérations consistent presque exclusivement en des prêts hypothécaires? Par leur façon de procéder, ces banques rappellent tout à fait nos banques similaires françaises, d'autant plus que le système hypothécaire argentin est presque semblable au nôtre, quoique plus perfectionné. La seule différence résidera dans le taux des prêts; alors qu'il est chez nous généralement entre 3 et 5 p. 100, il oscille là-bas aux environs de 8 p. 100 après avoir été beaucoup plus élevé; trois considérations peuvent expliquer cette différence : en premier lieu, dans un pays neuf, l'argent est toujours plus cher, parce qu'il est plus recherché; en second lieu, les risques du prêteur sont plus grands, la propriété immobilière étant beaucoup plus exposée que dans nos pays d'Europe à des risques spéciaux, tels que les sauterelles ou la sécheresse; la troisième raison enfin est que les bénéfices que le propriétaire va tirer de sa terre étant sensiblement plus élevés que chez nous, il n'est que naturel qu'il accepte de payer un intérêt plus fort. A ces considérations, la critique n'a vraiment pas prise. Si nous examinons maintenant le crédit agricole accordé non plus aux gros propriétaires sous la forme de prêts hypothécaires, mais bien aux fermiers et petits propriétaires, nous constatons que ce crédit paraît organisé en Argentine d'une façon des plus rudimentaires. En France déjà, il est difficile et onéreux à réaliser; les fermiers et petits propriétaires trouvent cependant une aide dans les banques locales et les sociétés de crédit agricole organisées en mutualités et que les pouvoirs publics ont tendance à encourager de plus en plus. En Argentine, ce genre d'opération est traité par les ascopiadores et les almeceneros, sorte de commerçants, épiciers, petits banquiers usuriers, qui avancent aux cultivateurs l'argent qui leur permettra de payer leurs aides, leurs frais de culture, semences, instruments aratoires, ainsi parfois que leur nourriture et celle des leurs. Les avances en nature sont faites dans ces conditions avec une majoration de 100 p. 100; quant à l'argent, il est prêté à des taux scandaleusement usuraires, variant entre 30 et 40 p. 100 et même davantage; le remboursement a lieu à l'époque de la récolte. Les ascopiadores et les almaceneros ont en outre l'habitude d'exiger de leurs infortunés obligés du coton, du son ou du blé à des prix inférieurs aux cours pour les revendre ensuite avec d'appréciables bénéfices. Il y a donc là une situation vraiment abusive ; elle n'existe cependant que pour les colons ou petits propriétaires qui n'ont pas d'avances ; ceux qui sont assez riches pour se passer de ce crédit vendent en général directement aux agents des maisons d'exportation. Pour remédier ou essayer de remédier à cet état de choses, quelques coopératives agricoles ont été créées sur le modèle de celles de nos pays. Parmi ces institutions, il convient de citer la Banco El Hogar Argentino, Société de Crédit Foncier mutuel qui fut fondée en 1899. Mais ce sont là des efforts encore trop isolés, et en tous cas insuffisants. Il est incontestable qu'il y a là une nouvelle et grave défectuosité du crédit en Argentine.

Mais ce n'est ni la dernière, ni la plus importante. Il s'agit maintenant du Crédit commercial. Prenons un exemple qui, quoique n'étant qu'un cas particulier, permettra de mieux fixer les idées. Supposons un émigrant débarquant dans le pays et n'ayant que quelques centaines de francs pour toute ressource, ce qui est le cas de neuf émigrants pour dix. Grâce à l'excellence du service d'immigration, il trouvera facilement du travail ; s'il ne peut être employé aux champs, il acceptera d'être terrassier, maçon, débardeur, etc. ; la vie matérielle n'étant pas extrêmement chère pour la classe des travailleurs et les salaires relativement élevés, il pourra au bout de peu de temps avoir amassé un petit pécule qui lui permettra d'acheter une boutique et de se livrer à un commerce ; s'il est de nationalité italienne, il lui sera alors relativement aisé de se procurer du crédit grâce à la solidarité étroite qui l'unit à ses compatriotes ; s'il est d'une autre nationalité, ce sera par son économie particulière, son activité et son intelligence qu'il devra surmonter les difficultés inhérentes à tous les débuts. Sorti de cette période, le commerçant ou industriel établi trouvera alors assez facilement du crédit soit sous forme de commandite chez son banquier, soit même directement auprès de ses compatriotes établis en Argentine ; il pourra ainsi acheter des marchandises à crédit et n'hésitera pas à payer de gros intérêts avec l'attrait d'importants bénéfices futurs. Sans doute, celui qui veut entreprendre un commerce sans disposer d'aucun capital, rencontrera difficilement le prêteur qui se fiera à ses qualités personnelles, mais cette situation n'est pas anormale et elle n'est pas spéciale à l'Argentine ; il en est de même dans tous les pays. Peut-être même est-il permis de penser qu'avec la solidarité qui existe là-bas entre conationaux, l'Argentine se trouve en meilleure posture à ce point de vue que bien d'autres nations. Nulle part d'ailleurs, l'esprit d'entreprise ne se rencontre à un si haut degré et les capitalistes ne sont plus disposés à venir en aide à leurs compatriotes, en principe du moins.

L'application pratique est en effet des plus délicates. Le lien indispensable entre capitaliste et commerçant n'existe ici que de façon fort insuffisante. On veut bien prêter, soit, mais qui se chargera d'étudier si les garanties sont suffisantes à permettre un minimum de risques ? On a parlé de coopératives subventionnées pour établir le rapport entre prêteur et emprunteur pour permettre à un grand nombre de ces derniers, et qui le méritent, de trouver de l'argent.

Quoi qu'il en soit, et en fait, force nous est de reconnaître que les banques que nous avons vu si bien outillées en ce qui concerne les opérations courantes et les prêts hypothécaires, le sont d'une façon bien défectueuse pour ce qui regarde le crédit et l'escompte.

Cela s'explique aisément. Dans un pays essentiellement pastoral comme l'Argentine, les efforts financiers se sont avant tout portés vers le sol, principalement sous la forme hypothécaire.

L'escompte et la banque pure se rattachent à l'industrie et au commerce : elles se sont trouvées sacrifiées aux autres services bancaires. Le peu de facilité qu'ont les banques de réescompter leur portefeuille à un établissement central en est aussi une raison. Une autre encore, c'est que le besoin d'un escompte régulier est récent dans un pays où l'essor industriel et commercial est en somme encore au berceau.

Plusieurs grandes banques privées n'ont pas manqué de s'apercevoir que, de jour en jour, cette lacune demandait plus instamment à être comblée. S'essayant à devenir de véritables banques de crédit, elles se lancent résolument dans la voie qui assurera à l'Argentine le développement nécessaire de son commerce, l'accroissement normal de son industrie.

Voilà, sous ses différents aspects, toute la question de l'organisation du crédit en Argentine.

La solution en est certainement un des points qui doive le plus attirer l'attention de tous ceux que le progrès de ce pays intéresse. Il semble qu'une initiative grandiose, qu'une œuvre privée qui pourrait être une grande banque devrait sans tarder prendre la place vacante et s'attacher à la résolution du problème.

En effet, par ce que nous venons de voir, nous avons pu nous rendre compte de la grande difficulté dans laquelle se trouvaient les banques du pays pour organiser le crédit commercial tel qu'il est compris dans notre vieille Europe, faute d'un exutoire semblable à nos banques nationales pour le papier de commerce et l'on conçoit sans peine l'intérêt qu'il y aurait pour nos capitalistes à créer un organisme destiné à remplir cette fonction.

L'attention doit être attirée par ce fait que

nos grands Instituts bancaires français donnent aux comptes de dépôts des intérêts variant entre 1 et 1 1/2 p. 100, car ils sont obligés de suivre le taux d'escompte de la Banque de France qui est rarement supérieur à 3 1/2 p. 100; or, en Argentine, le taux de l'escompte oscille entre 6 et 8 p. 100; les fonds en dépôt pourraient en conséquence trouver là un emploi facile qui permettrait de les faire bénéficier d'une plus-value d'intérêts relativement considérable.

Là ne devrait cependant pas se borner le rôle d'une semblable institution; elle devrait s'attacher à favoriser l'industrie naissante du pays et en cela, se modelant sur le système bancaire allemand, consentir à propos des ouvertures de crédit. Elle aiderait et soutiendrait l'agriculteur, le petit fermier et propriétaire. Elle devrait prendre en mains pour les lancer avec toutes garanties désirables les affaires que des études sérieuses et approfondies lui auraient montrées dignes de confiance; en un mot, elle devrait s'appliquer surtout à pratiquer le crédit personnel dans un pays qui ne connaît presque uniquement que le prêt foncier et hypothécaire. En s'entourant des garanties nécessaires, car ses moyens d'action et d'étude pourraient et devraient être très étendus, il est certain qu'elle pourrait dans cette voie faire facilement pièce aux usuriers qui sont encore trop en Argentine. Tout en abaissant le taux des prêts, tout en pratiquant et en facilitant l'escompte avantageux, les bénéfices qui lui resteraient seraient encore considérables. A une telle entreprise, chacun ne saurait donc qu'y gagner, et les capitalistes bailleurs de fonds et les emprunteurs. Certes, l'agriculture, l'élevage, l'industrie, les fonds d'État même des pays neufs, sont d'un rapport souvent excellent, mais combien plus rémunérateur serait celui que procurerait une entreprise telle que celle dont nous venons à grands traits d'indiquer l'esquisse. Et cette entreprise, c'est nous, Français, qui devons la réaliser; notre pays est assez riche pour pouvoir faciliter magnifiquement le développement de contrées aussi fertiles, et d'un avenir aussi prometteur que l'Argentine. Nous ne devons pas laisser à d'autres le soin de mener à bien, le plus souvent avec notre argent, de semblables affaires. Nous nous devons à nous-mêmes de faire grandir notre influence dans ces pays neufs qui ne demandent qu'à se donner à ceux qui sauront les prendre. Ce n'est pas là, certes, une œuvre philanthropique! Mais que l'intérêt seul nous guide! Et cette œuvre sera vite réalisée, car en rendant service aux autres, nous augmenterons notre propre richesse et nous nous rendrons service à nous-mêmes.

CONCLUSION

La République Argentine est en plein développement. Il y a quelques temps on rencontrait encore, entre les Andes et l'Atlantique, d'immenses plaines incultes : ce sont maintenant de magnifiques champs de blé ou de maïs, de grasses prairies artificielles où les animaux, comparables aux plus beaux spécimens d'Europe, trouvent facilement leur pâture. Agriculture, élevage, tels sont les deux principaux éléments de la richesse du pays. Leur rendement est tel que les chemins de fer et entrepôts sont insuffisants ; tout cela n'est rien en regard de ce que réserve l'avenir. Songeons qu'il n'y a pas à l'heure actuelle plus de 20 millions d'hectares cultivés sur 100 millions qui pourraient l'être ; que le troupeau national comprend 68 millions de moutons et 30 millions de bœufs et que ces chiffres peuvent être doublés; que la culture intensive, les engrais, l'industrie fourragère sont presque inconnus; que la population, grâce à l'excellence du climat et au faible taux de la mortalité, est susceptible de s'accroître sans cesse!

Nous ne pouvons mieux faire que de citer les excellentes lignes par lesquelles M. Walle résume la question : « Il faut qu'on dise et qu'on sache qu'il n'y a pas dans la République Argentine qu'une seule ville, Buenos-Ayres, qu'une seule culture, le blé, qu'une seule industrie, l'élevage; mais qu'il y a d'autres villes qui ont déjà atteint un grand développement économique; qu'il y a dans le Nord de vastes forêts et des campos exploités; dans le Nord-Ouest des provinces possédant des vignobles plus étendus que ceux que nous voyons dans notre Midi et en Algérie; des montagnes, dont les flancs recèlent des richesses, dont l'industrie minière négligée jusqu'ici tirera un parti avantageux lorsqu'elles seront mieux connues. »

Agriculture, élevage, forêts avec le quebracho, mines, pétrole, chutes d'eau, que de richesses dont la plupart encore inexploitées!

L'ère des révolutions est close, le pays est pacifique, il a recours à l'arbitrage avec le Chili; il passe des traités d'arbitrage permanents avec les autres États de l'Amérique du Sud. Il n'a pas besoin de consacrer de lourdes sommes à ses budgets militaires; son mouvement d'expansion est remarquable et, en quelques années, la valeur de la propriété a quintuplé. La loi sur la conversion monétaire supprime l'agio et, rendant les échanges plus stables, prépare l'avènement d'une monnaie fixe et ferme, contribue au relèvement du crédit national. Les exportations et les importations sont sans cesse grandissantes. La France, qui s'est laissé supplanter, a beau jeu pour reconquérir sa place dans les importantes argentines et M. Walle indique très heureusement les articles sur lesquels devront porter ses efforts. La France est aussi le pays le plus riche du monde, et elle saura conquérir la première place pour l'immigration des capitaux qui lui reviendront centuplés de valeur. Il n'est pas juste qu'elle se laisse dépasser dans cette voie par les autres nations; elle a là une belle place à prendre; qu'elle profite de l'occasion qui lui est offerte de combler la lacune de la situation du crédit argentin que nous avons signalée ; que son argent n'hésite pas et, s'entourant de toutes précautions, qu'il aille sans crainte en Argentine, non seulement pour favoriser les entreprises déjà établies, mais pour en créer de nouvelles, pour susciter l'effort et encourager l'énergie.

LEY ARGENTINA
SOBRE LAS SOCIEDADES ANONIMAS

(Extraido del Codigo de Comercio, art. **313** à **371**).

SECCION I

De su naturaleza.

313. — Sociedad anonima es la simple associacion de capitales para una empressa ô trabajo qualquiera.

314. — Las sociedades anonimas no tienen razon social ni de designan por el nombre de uno o mas de sus socios sino por el objeto u objetos para que se hubiesen formado.

315. — La masa social, compuesta del fondo social y de los beneficios acumulados es solamente responsable en las companias anonimas de las obligaciones contraïdas en su manejo y administracion por persona legitama y bajo la forma prescripta en sus reglamentos salvo los derechos de los terceros contra los administradores.

316. — Los socios no responden tampoco de las obligaciones de la compania anonima sino hasta el valor de las acciones ó del interes que tengan en la sociedad.

LOI ARGENTINE

SUR LES SOCIÉTÉS ANONYMES

(Extrait du Code de Commerce, art. **313** à **371**).

SECTION I. — 1re Division.

De leur nature.

313. — Une société anonyme est un simple association de capitaux pour une entreprise ou un travail quelconque.

314. — Les sociétés anonymes n'ont pas de raison sociale et ne se désignent pas par les noms d'un ou plusieurs associés, mais par celui de l'objet ou des objets pour lesquels elles ont été formées.

315. — La masse sociale, composée du fonds social et des bénéfices accumulés, n'est responsable, dans les sociétés anonymes, que des obligations contractées par sa direction ou administration par des personnes autorisées et sous la forme prescrite dans ses règlements, sauf les droits des tiers contre les Administrateurs.

316. — Les associés ne répondent pas des obligations de la Société anonyme, du moins jusqu'à la valeur des actions ou de l'intérêt qu'ils ont dans la Société.

317. — Después de instalada la sociedad con la licencia correspondiente toda deliberacion ulterior de los accionistas contra los estatutos de la sociedad, ó que tenga el efecto de que sean violados, ó que de à los fondos sociales otro destino, ó que transforme la sociedad anonima en otro especie de asociacion es nula y de ningun valor. El administrador que obrara en virtud de ella responde personalmente à los terceros con quienes contratare.

SECCION II

De la Constitucion de las sociedades anonimas.

318. — Las sociedades anonimas no podran constituirse definitivamente sin que se hayan verificado las siguientes condiciones :

1º Que los asociados sean diez por lo menos.

2º Que el capital social o su primera serie, que no baje de un veinte por ciento este integramente sucripto.

3º Que los suscriptores hayan abonado el diez por ciento del capital suscripto en dinero efectivo depositado en el banco Nacional o en el Provincial o en uno particular en su defecto.

4º Que la sociedad sea por tiempo determinado y haya sido autorizado por el poder Ejecutivo.

El poder Ejecutivo acordara la autorizacion siempre que la fundacion organizacion y estatutos de la sociedad sean conformes à las disposiciones de este codigo y su objeto no sea contrario al interes publico.

317. — Après avoir constitué la Société avec les autorisations requises, toute délibération ultérieure des actionnaires contraire aux Statuts de la Société ou qui aurait pour effet de les violer, ou de donner aux fonds sociaux une autre destination ou qui transforme la Société anonyme en une autre espèce d'association, est nulle et d'aucune valeur. L'administrateur qui travaillera en vertu d'une semblable délibération en répondra personnellement vis-à-vis des tiers avec lesquels il pourrait traiter.

SECTION II. — 2e Division.

De la constitution des Sociétés anonymes.

318. — Les sociétés anonymes ne pourront se constituer définitivement sans que les conditions suivantes aient été vérifiées :

1° Que le nombre des associés soit au minimum de 10.

2° Que le capital social ou sa première série (ne doit pas être inférieure à 20 p. 100) ne soit intégralement souscrite.

3° Que les souscripteurs aient versé les 10 p. 100 du capital souscrits en argent effectif, déposés à la Banque Nationale ou à la Banque Provinciale ou, à défaut, à une Banque particulière.

4° Que la Société soit constituée pour un temps déterminé et ait été autorisée par le pouvoir exécutif.

Le pouvoir exécutif accordera cette autorisation chaque fois que la constitution, l'organisation et les Statuts seront conformes aux dispositions de ce code et que leur objet ne sera pas contraire à l'intérêt public.

319 — Si los que pretendiesen fundar una sociedad anonima, hubiesen suscripto integramente el capital requerido, podran luego que se hayan verificado todas las condiciones exigidas en el articulo anterior, constituir definitivamente la sociedad, otorgando la respectiva escritura e inscribiendola y publicandola por quince dias con los estatutos autorizacion y demas actos constitutivos antes de empezar las operaciones sociales.

320. — Cuando para la constitucion definitiva de las sociedades anonimas se hubiere de recurrir a suscripciones publicas los fundadores deben constituir provisoriamente la sociedad otorgando la respectiva escritura que sera inscripta y publicada por diez dias en la juridiccion respectiva.

Llenados estos requisitos podra formularse el programa, para la suscripcion, que debera expresar :

1º La fecha de la constitucion provisaria y las oficinas y diarios en que la escritura fue otorgada publicada y registrada.

2º El objeto de la sociedad, el capital social, el numero de las acciones, y las condiciones de su inscripcion y pago.

3º Las ventajas excepcionales que puedan atribuirse los fundarores.

4º En el caso de que se hayan numbrado los miembros del primer directorio, sus nombres y domicilios.

5º Convocacion de los suscriptores à la asamblea que debera celebrarse dentro del termino de tres meses para la constitucion definitiva de la sociedad.

321. — Los fundadores no podran reservarse prima

319. — Si ceux qui désirent fonder une société anonyme ont souscrit intégralement le capital requis, ils pourront, après la vérification de toutes les conditions exigées dans l'article précité, constituer définitivement la Société en l'expédiant par-devant notaire, l'inscrivant et la publiant avec les Statuts, l'autorisation et les autres actes constitutifs pendant 15 jours avant de commencer les opérations sociales.

320. — Quand, pour la constitution définitive de Sociétés anonymes, il faudra recourir à des souscriptions publiques, les fondateurs devront constituer provisoirement la société en passant les actes requis par-devant notaire, en les inscrivant et les publiant pendant 10 jours dans la juridiction respective.

Ces conditions remplies, ils pourront formuler le programme pour la souscription ; ce programme devra porter :

1° La date de la constitution provisoire et les bureaux et journaux dans lesquels l'écriture fut passée par-devant notaire, publiée et enregistrée.

2° L'objet de la Société, le capital social, le nombre de ses actions, les conditions de ses inscriptions et paiements.

3° Les avantages exceptionnels que peuvent attribuer les fondateurs.

4° Dans le cas où les membres du premier conseil auraient été nommés, leurs nom et domicile.

5° Convocation des souscripteurs à l'assemblée qui devra se tenir dans le délai de 3 mois pour la constitution définitive de la Société.

321. — Les fondateurs ne pourront se réserver

o ventaja alguna, acciones ú obligaciones, beneficiaras o que no deben ser pagadas como las ofrecidas à la suscripcion aunque fuesen en cambio de concesiones otorgadas gratuitamente por las autoridades, sino hasta un maximum; de diez por ciento del capital o de las utilidades realizadas y liquidas por un termino que no exceda de diez años.

322. — Recogidas las suscripciones, los fundadores presentaran a la asemblea, en el dia fijado los justificativos de haber satisfecho los requisitos exigidos por el articulo 318, y un proyecto de estatutos conforme a las bases de subscripcion, en esta asemblea cada suscriptor tendra derecho a un solo voto sea cual fuere el numero de las acciones subscriptas.

323. — La asemblea decidira por mayoria si se ha de constituir definitivamente la sociedad, y en caso afirmativo, podra en la misma sesion considerar los estatutos y nombrar el primer directorio, si no estuviese previamente designado en la escritura referida en el articulo 319.

Labrada el acta respectiva, se présentara al poder Ejecutivo, con los estatutos y justificativos de haberse llenado los requisitos exigidos en el articulo 318 para la competente autorizacion. Obtenida esta, se inscribaran y publicaran con ella por quince dias dichos documentos, quedando definitivamente constituida la sociedad.

324. — Los fundadores ó administradores de cualquiera sociedad anonima son responsables, solidaria è ilimitadamente por los actos practicados hasta la constitucion definitiva de la sociedad, salvo su recur-

aucune prime ou avantage, action, obligation ou bénéfice qui ne serait pas payé comme ceux offerts à la souscription, même si c'est en échange de concessions accordées gratuitement par les autorités, sinon jusqu'à un maximum de 10 p. 100 du capital ou des bénéfices réalisés et liquides pour une durée qui n'excédera pas 10 ans.

322. — Les souscriptions recueillies, les fondateurs présenteront à l'assemblée, au jour fixé, les justifications qu'ils ont satisfait aux conditions exigées par l'article 318, et un projet de statuts conforme aux bases de la souscription, au cas où celui-ci n'aurait pas été approuvé à la vérification. Dans cette assemblée, chaque souscripteur aura droit à un seul vote, quel que soit le nombre des actions souscrites.

323. — L'assemblée décidera à la majorité des voix s'il y a lieu de constituer définitivement la société et, dans le cas affirmatif, elle pourra dans la même session approuver les statuts et nommer le premier Conseil d'Administration, s'il n'est pas déjà désigné dans l'acte conforme à l'article 319.

L'acte définitif sera présenté au pouvoir exécutif avec les Statuts et une justification d'avoir rempli les conditions exigées par l'article 318 pour l'autorisation compétente. Cette autorisation obtenue, les pièces seront inscrites et publiées pendant 15 jours. La Société sera alors définitivement constituée.

324. — Les fondateurs ou administrateurs d'une société quelconque sont responsables solidairement et d'une façon illimitée pour les actes antérieurs à la constitution définitive de la Société, sauf leurs

so contra ella si hubiese lugar. Si la sociedad no se constituye definitivamente, conforme al articulo anterior los gastos y consecuencias de los actos practicados con ese fin por los fundadores, seran de su cargo exclusivo, sin recurso contra los subscriptores.

En las sociedades anonimas no constituidas debitamente los fundadores, administradores y representantes seran ilimitada y solidariamente obligados à la restitucion de todas las sumas que hubiesen recibido por acciones emitidas como tambien el pago de las deudas sociales, y de los perjuicios que resultasen à terceros de la incjecucion de la las obligaciones contraidas a nombre de la sociedad.

325. — Las sodiedades solo pueden ser prorrogadas con aprobacion del poder que hubiese autorizado su constitucion procediendose a nuevo registro y publication conforme a lo dispuesto en esta seccion.

SECCION III

De las acciones.

326. — El capital de las compañias anonimas debera siempre dividirse y representarse por acciones de igual valor pudiendo sin embargo el mismo titulo representar mas de una accion Los titulos que se expidan con las formalidades que establezcan los estatutos pueden ser al portador o nominales, endosables o no; mientras las acciones, no estan pagadas integramente deben expedirse a nombre individual et no como titulo al portador.

recours contre la Société s'il y a lieu. Si la Société ne se constitue pas définitivement conformément aux prescriptions de l'article précédent, les dommages et conséquences des actes pratiqués à cette fin par les fondateurs seront à leur charge exclusive sans recours contre les souscripteurs.

Dans les Sociétés anonymes non constituées comme elles doivent être, les fondateurs, administrateurs et représentants seront d'une façon illimitée et solidairement obligés à la restitution de toutes les sommes qu'ils auraient reçues pour actions émises comme aussi bien le paiement des dettes sociales et des préjudices qui pourraient être causés aux tiers par l'inexécution des obligations contractées au nom de la Société.

325. — Les sociétés peuvent seulement être prorogées avec l'autorisation du pouvoir qui a autorisé leur constitution en procédant à un nouvel enregistrement et publication conformément aux prescriptions de cette section.

SECTION III

Des actions.

326. — Le capital des Sociétés anonymes devra toujours se diviser et se représenter en actions d'égale valeur, le même titre pouvant représenter plusieurs actions. Les titres qui s'expédient avec les formalités établies par les statuts peuvent être au porteur, nominatifs, endossables ou non. Tant que les actions ne sont pas libérées intégralement, elles doivent s'expédier au nom individuel et non comme titre au porteur.

327. — El importe de las acciones puede ser puesto immediatamente o pagado por partes. Despues de pagado integramente los interesados pueden exiger que se le expidan titulos al portador si los estatutos no dispusiesen lo contrario.

Las acciones que seran firmadas por uno o mas directores deberan contener por lo menos.

1° La denominacion de la sociedad il la fecha y lugar de su constitucion y publicacion.

2° El monto del capital social y el numero de acciones.

3° El valor nominal del titulo y las cuotas pagadas.

4° El numero de orden de cada titulo.

329. — Ademas de los libros generales, debera haber en el domicilio de la sociedad un libro de registro con las formalidades. Establicidas para los tres libros de comercio declarados indispensables. (articulo 53) el que sera puesto a la libre inspeccion de todos los accionistas, y en el que se anotara.

1° Los nombres de los subscriptores y el respectivo numero de acciones subscriptas y los pagos efectuados.

2° La transmicion de las acciones nominales y la fecha en que se verifica

3° La especificacion de las acciones que se conviertan al portador, y de los titulos que se emitan en cambio de ellas.

4° El numero de las acciones dadas en garantia de buen de sempeño por los empleados de la sociedad en el caso de que lo exijan los estatutos.

330. — La propriedad y transmission de las acciones nominales, no produrera efecto contra la socie-

327. — La valeur des actions peut être libérée immédiatement ou en partie. Après avoir libéré intégralement les intéressés peuvent exiger qu'on leur remette des titres au porteur si les statuts ne s'y opposent pas.

Les actions qui seront signées par un ou plusieurs des directeurs devront porter pour le moins:

1° La dénomination de la Société, la date et le lieu de sa constitution et publication.

2° Le montant du capital social et le nombre des actions.

3° La valeur nominale du titre et de combien il est libéré.

4° Le numéro d'ordre de chaque action.

329. — En plus des livres généraux ordinaires, il devra exister au domicile de la Société un livre d'enregistrement avec les formalités établies pour les 3 livres de commerce déclarés indispensables (article 53) et qui sera mis à la libre disposition de tous les actionnaires et dans lequel on notera :

1° Les noms des souscripteurs et les numéros respectifs des actions souscrites et paiements effectués.

2° La transmission des actions nominatives et la date de leur transfert.

3° La spécification des actions qui se convertissent au porteur et des titres qui s'émettent en échange.

4° Le nombre des actions données en garantie du paiement des employés de la société, au cas où les statuts l'exigeraient.

330. — La propriété et la transmission des actions nominatives ne produiront pas d'effet contre la Société

dad ni contra los terceros, sino desde la fecha de su inscripcion en el libro de registro, En el caso de que el titulo nominal no fuese endosable, la cesion solo podra hacerse por declaracion que se extendera, a continuacion de la inscripcion, firmandola el cedente o su apodero, salvo el caso de ejecucion legal.

331. — Cuando diferentes individuos fueran copropietarios de una accion, la sociedad no esta obligada a reconocerlos si no eligies en uno solo que los represente en el ejercito de sus derechos y complimiento de sus obligaciones para con ella.

332. — Los cedantes que no hayan completado la entrega total del importe de cada accion quedan garantes al pago que deberan hacer los cesionarios cuando la administracion tenga derecho a exigirlo, segun los estatutos o reglamentos.

Los cedentes que en virtud de esta garantia verifiquen algun pago seran coproprietarios en la accion en proporcion de lo que hubieren pagado.

333. — Los estatutos puedên establecer las clausulas penales en que incurriran los suscritores morosos.

Podra conferirse a los administradores la facultad de hacer vender extrajudicialmente en remate publico las acciones de los suscritores morosos siendo de cuenta de estos los gastos de ramate y las intereses moratorios en su caso.

334. — No es licito prometer ni pagar interes alguno a los accionistas por el importe de sus acciones salvo el caso de tratarse de acciones preferidascon un interes determinado que debe pagarse

ni contre les tiers, sinon depuis la date de son inscription au lieu d'enregistrement. Dans le cas où le titre nominatif ne serait pas endossable, la cession pourra seulement se faire par déclaration, qui se mettra à la fin de l'inscription, le cédant ou son pouvoir la signant, sauf le cas d'exécution légale.

331. — Quand différents individus sont co-propriétaires d'une action, la société n'est pas obligée de les reconnaître s'ils n'élisent pas l'un d'eux qui les représente dans l'exercice de leurs droits et l'accomplissement de leurs obligations envers celle-ci

332. — Les cédants qui n'ont pas complété la remise totale de la valeur de chaque action restent garants des paiements que doivent faire les cessionnaires quand l'administration a le droit de les exiger suivant les statuts ou règlements.

Les cédants qui, en vertu de cette garantie, exécutent un paiement quelconque, seront co-propriétaires de l'action en proportion de ce qu'ils auront payé.

333. — Les statuts peuvent établir les clauses pénales qu'encourront les souscripteurs tardifs.

La faculté de faire vendre extrajudiciairement en vente publique les actions des souscripteurs tardifs pourra se conférer à l'administration, les dommages de vente et les intérêts débiteurs, s'il y a lieu, étant à leur compte.

334. — Il n'est pas légal de promettre ni de payer un intérêt quelconque aux actionnaires pour le montant de leurs actions, sauf si l'on traite d'action de préférence avec un intérêt déterminé, qui devra se

preferentemente con el importe de las utilidades realizadas y liquidas.

SECCION IV

De la administracion y fiscalizacion.

335. — La administracion y fiscalizacion de las sociedades anonimas estaran respectivamente à cargo de uno o mas directores y de uno o mas sindicos, nombrados por la asemblea general.

El primer directorio puede ser designado en el instrumento constitutivo de la sociedad no pudiendo durar mas de tres años sin perjuicio del derecho de destitucion.

336. — La eleccion de los directores sera hecha de entre los socios por tiempo cierto y determinado, que no excedera de tres años sin perjuicio de la revocabilidad del mandato.

Los estatutos determinaran si vencido el plazo del mandato son o no reelegibles, no siendolo en el caso que no lo determinen expresamente Los estatutos estableceran tambien el modo de suplir las faltas de los directores, y si no lo establecieren correspondera à los sindicos el nombramiento de los suplentes hasta la reunion de la asemblea general.

337. — Los directores de las sociedades anonimas debidamente constituidas no contraen responsabilidad alguna personal o solidaria por las obligaciones de la sociedad, pero responden personal y solidariemente para con ella y los terceros por la

payer de préférence avec le montant des bénéfices réalisés et liquides.

SECTION IV

De l'Administration et du Fisc.

335. — L'administration et le fisc des Sociétés anonymes seront respectivement à la charge de un ou plusieurs Directeurs et de un ou plusieurs syndics nommés par l'Assemblée Générale.

Le premier Conseil d'Administration peut être désigné dans les pièces constitutives de la Société, mais ne peut durer plus de trois ans sans préjudice du droit de destitution.

336. — L'élection des Administrateurs sera faite par les associés pour un temps certain et déterminé qui n'excédera pas trois ans, sans préjudice de la révocation du mandat.

Les Statuts détermineront si à la fin du mandat, les Administrateurs sont ou non rééligibles, ne l'étant pas dans le cas où les Statuts ne le détermineraient pas expressément. Les Statuts établiront aussi la façon de suppléer au manque d'Administrateurs et, s'ils ne l'établissent pas, la nomination des suppléants reviendra aux syndics jusqu'à la réunion de l'Assemblée Générale.

337. — Les Administrateurs des Sociétés anonymes constituées légalement ne contractent aucune responsabilité personnellement ou solidairement pour les obligations de la Société, mais ils répondent personnellement et solidairement envers les tiers

inejecucion o mal desempieno del mandato y por la violacion de las leyes estatutos y reglamentos.

Quedan exentos de esta responsabilidad, los directores que no hubiesen tomodo parte en la respectiva resolucion o que hubieran protestado contra las deliberaciónes de la mayoria antes de serles exigida la efectividad de su responsabilidad.

338. — Los directores no pueden hacer por cuenta de la sociedad operaciones ajenas a su objeto so peña de ser consideradas como violacion del mandato. Les es prohibido tambien negociar o contratar por cuenta propia directa o indirectamente con la sociedad que administran.

339. — Los directores daran para el buen desempeño de sus funciones la garantia que establezcan los estatutos de la asemblea general.

340. — Los sindicos seran eligidos anualmente por lo menos por la asemblea general pudiendo ser exonerados en cualquier tiempo.

Seran atribuciones suyas sin perjuicio de las demas que les confieran los estatutos.

1o Examinar los libros y documentos de la sociedad siempre que los juzguen conveniente y por lo menos cada tres meses.

2o Convocar á asemblea general extraordinaria cuando lo juzguen necesario, y à la asemblea ordinaria cuando omitiere hacerlo el directorio.

3o Asistir con voto consultivo à las sesiones del directorio siempre que lo estimen conveniente.

4o Fiscalizar la administracion de la sociedad, verificando frecuentemente el estado de la caja y la existencia de los titulos y valores de toda especie.

pour l'inexécution ou le mauvais acquittement de leurs fonctions et pour la violation des lois, Statuts et règlements.

Restent exempts de cette responsabilité les Directeurs qui n'auraient pas pris part à la délibération ou qui auraient protesté contre les délibérations de la majorité avant que leur responsabilité ne devienne effective.

338. — Les Directeurs ne peuvent faire pour le compte de la Société d'opérations étrangères à son objet, ceci sous peine d'être considéré comme violation de mandat. Il leur est défendu également de négocier ou traiter pour leur propre compte, directement ou indirectement, avec la Société qu'ils administrent.

339. — Les directeurs donneront pour le bon fonctionnement de leurs fonctions la garantie établie par les Statuts approuvés par l'Assemblée Générale.

340. — Les syndics seront élus au moins annuellement par l'Assemblée Générale, pouvant être exonérés à n'importe quel moment.

Leurs attributions seront indépendamment de celles qui leur sont attribuées par les Statuts:

1° Examiner les livres et documents de la Société chaque fois qu'ils le jugent convenable et au moins tous les 3 mois.

2° Convoquer l'Assemblée Générale extraordinaire quand ils le jugent nécessaire et l'Assemblée ordinaire quand le Conseil d'Administration ne le fait pas.

3° Assister avec vote consultatif aux réunions du Conseil d'Administration chaque fois qu'ils le jugent convenable.

4° Contrôler l'Administration de la Société, véri-

5º Verificar el cumplimiento de los estatutos rèlativamente à las condiciones establicidas par la intervencion de los socios en las asembleas.

6º Vigilar las operaciones de liquidacion de la sociedad.

7º Dictaminar sobre la memoria el inventario y el balance presentados por el directorio.

8º En general velar porque el directorio cumpla las leyes y los estatutos y reglamentos de la sociedad.

Los sindicos cuidaran de ejercer sus funciones de modo que no entorpezcan la regularidad de la administracion social.

341. — Los funciones de los directores y sindicos seran remuneradas si los estatutos no dispusieren lc contrario. Si la remuneracion no estuviere determinada por los estatutos lo sera por la asemblea général.

342. — Las sociedadas anominas que exploten concesiones hechas por autoridades o tuvieren constituido en su favor cualquier privilegio podran tambien ser fiscalizadas por agentes de las autoridades respectivas remunerados por las sociedades aunque en en el titulo constutivo no se establezca expresamente tal fiscalizacion. Esta se limitara al cumplimiento de las leyes y estatutos y especialmente al de las condiciones de la concesion y las obligaciones estipuladas en favor del publico. Los agentes podran assistir à todas las sesiones del directorio y de la asemblea general y hacer constar en las actas sus reclamaciones para los efectos consiguentes.

fier fréquemment l'état de la caisse et l'existence des titres et valeurs de toute espèce.

5° Vérifier l'accomplissement des Statuts relativement aux conditions établies par l'intervention des associés dans les assemblées.

6° Surveiller les opérations de liquidation de la Société.

7° Ils donneront leur avis sur les mémoires et l'inventaire et les balances présentés par le Conseil d'Administration.

8° Veiller en général pour que le Conseil d'Administration accomplisse les lois et les Statuts et règlements de la Société.

Les syndics devront exercer leurs fonctions de façon à ne pas entraver la régularité de l'administration de la Société.

341. — Les fonctions des syndics et directeurs seront rémunérées, sauf disposition contraire des Statuts. Si la rémunération n'est pas déterminée par les Statuts, elle le sera par l'Assemblée Générale.

342. — Les Sociétés anonymes qui exploitent des concessions consenties par les autorités ou qui se seraient constituées en faveur d'un privilège quelconque pourront aussi bien être contrôlées par des agents des autorités compétentes, lesquels seront rémunérés par les Sociétés, quoique dans le titre constitutif un tel contrôle ne soit pas établi expressément. Ce contrôle se limitera à la surveillance de l'accomplissement des lois et Statuts et spécialement à celles des conditions de la concession et des obligations stipulées en faveur du public. Ces agents pourront assister à toutes les réunions du Conseil d'Administration et de l'Assemblée et faire constater

Informaran siempre a la autoridad correspondiente sobre cualquier falta de las sociedades, y al fin de cada año les presentaran una memoria detallada sobre lo que juzguen conveniente observar. Cuidaran igualmente de ejercer sus funciones de modo que no entorpezcan la regularidad de la administracion social.

343. — Los administradores y directores no pueden adquirir acciones de la sociedad por cuenta de esta, salvo el caso de que mediante autorizacion de la asemblea general la adquisicion se haga con las utilidades realizadas y las acciones esten integramente pagadas. En ningun caso pueden negociar, prestar ó entregar cantidad alguna sobre las acciones emitidas por la sociedad.

344. — Si por resolucion de los estatutos o de la asemblea general se atribuye la parte ejecutiva de las operaciones sociales a un gerente aunque no forme parte del directorio sera responsable como los directores, à los socios y los terceros, por el cumplimiento de sus deberes no obstante cualquier pacto en contrario, y aunque este subordinado a la autoridad y la vigilancia del Directorio.

345. — El director que en una operacion determinada tenga en nombre propio o como represante de otro interes contrario al de la sociedad, debe avisarlo a los demas directores y sindicos y abstenerse de toda deliberacion sobre, dicha operacion.

346. — En todo lo que no este previsto en el presente titulo y en los estatutos y resoluciones de la

dans les actes leurs réclamations pour les objets suivants.

Ils informeront toujours les autorités correspondantes sur toutes les fautes des Sociétés, et à la fin de chaque année, ils leur présenteront un mémoire détaillé sur tout ce qu'ils jugent convenable d'observer. Ils devront exercer leurs fonctions de façon à ne pas gêner la régularité de l'administration sociale.

343. — Les Administrateurs et Directeurs ne peuvent acquérir d'actions de la Société pour le compte de celle-ci, sauf le cas où, moyennant autorisation de l'Assemblée Générale, l'acquisition se fait avec les bénéfices réalisés et que les actions sont intégralement payées. Ils ne peuvent en aucun cas négocier, prêter ou livrer une quantité quelconque des actions émises par la Société.

344. — Si par une résolution des Statuts ou de l'Assemblée Générale, la partie exécutive des opérations sociales est attribuée à un gérant, quoique celui-ci ne fasse pas partie du Conseil, il sera responsable comme les Directeurs envers les associés et les tiers pour l'accomplissement de ses devoirs, nonobstant n'importe quel accord contraire, et quoiqu'il soit subordonné à l'autorité et à la surveillance du Conseil d'Administration.

345. — Le Directeur qui dans une opération déterminée a en son nom propre ou comme représentant de tiers un intérêt contraire à la Société, doit le faire savoir aux autres Directeurs et syndics et s'abstenir de toute délibération sur cette dite opération.

346. — Dans tout ce qui n'est pas prévu dans le présent titre ou dans les Statuts et résolutions de

asemblea general, los derechos y obligaciones de los directores y sindicos seranregidos por las reglas del mandato.

SECCION V

347. — Las asembleas generales de los accionistas seran ordinarias y extraordinarias.

Las ordinarias tendran lugar por la menos una vez por año dentro de los primeros cuatro meses posteriores al ejercito anterior y deberan :

1º Discutir, aprobar o modificar los inventarios, balances y memorias que los directores deberan presentar anualmente lo mismo que los informes de los sindicos.

2º Nombrar en su caso los directores y sindicos que deban reemplazar a los cesantes.

3º Tratar de cualquier otro asunte m encionado en la convocatoria.

348. — Las asembleas generales extraordinarias seran convocadas siempre que los directores o sindicos lo juzguen necesario, o cuando sean requeridas por accionistas que representen la vigesima parte del capital si los estatutos no exigiesen una representacion menor.

349. — La convocacion de las asembleas generales se hara por medio de anuncios publicados con quince dias de anticipation por la menos y con las demas formalidades establecidas por los estatutos debiendo siempre mencionarse los asuntos que se han de tratar. Es nula toda deliberacion sobre materias extranas a las de la convocatoria.

350. — Las resoluciones de las asembleas seran

l'Assemblée Générale, les Directeurs et syndics seront régis par les règles de leur mandat.

SECTION V

347. — Les Assemblées Générales d'actionnaires sont ordinaires et extraordinaires.

Les Assemblées ordinaires auront lieu au moins une fois par an, dans les quatre premiers mois suivant l'exercice précédent et devront :

1° Discuter, approuver et modifier les inventaires balances et mémoires que les Directeurs devront présenter annuellement, de même que les rapports des syndics.

2° Nommer, s'il y a lieu, les Directeurs et syndics, qui doivent remplacer les partants.

3° Traiter de toutes autres affaires mentionnées dans la convocation.

348. — Les Assemblées Générales extraordinaires seront convoquées chaque fois que les Directeurs ou Syndics le jugent nécessaire, ou quand elles seront requises par des actionnaires qui représenteront la vingtième partie du capital social si les Statuts n'exigent pas une représentation moindre.

349. — La convocation des Assemblée Générales se fera au moyen d'annonces publiées au moins 15 jours à l'avance, et avec les autres formalités établies par les Statuts ; elle devra toujours mentionner les affaires qui devront s'y traiter. Toute délibération sur d'autres matières étrangères à la convocation est nulle.

350. — Les résolutions de l'Assemblée seront

siempre tomodas por mayoria de los votos presentes salvo los casos en que los estatutos exigiesen mayor numero. Ningun accionista cualqui era que sea el numero de sus acciones podra representar mas del decimo de los votos conferides por todas las acciones emitidas, ni mas de dos decimos de los votos presentes en la asemblea se llebaran un libro de actos en que se extenderan, la de las asembleas y directorio con las firmas del presidente y seccetario.

351. — Cuando una asemblea general regularimente convocada no se celebre por fafalta de numero de accionistas o de representacion de capital se convocara con diez dias de anticipacion para una nueva sesion que se celebrara dentro de los treinta dias y cuyas resoluciones seran validas cuaquiera que sea el numero de accionistas presentes o la cautidal del capital prentado.

352. — Los accionistas que segun los estatutos nos tuviesen voto en las asembleas generales o los portadores de bonos u obligaciones podran assistir à las sesiones y tendran voz para hacer mociones y discutir los asuntos de la orden del dia solvo disposicion de los estatutos en contrario.

353. — Codo accionista tiene derecho de protestar contra las disposiciones tonadas en oposicion de la ley y de los estatutos y podra requerir del Juez competente la suspencion de su ejecucion y declaracion de su nulidad, tales deliberaciones hacen de responsabilidad ilimitada à los socios que las hubieren aceptado expresamente.

Las resoluciones tonadas y actos praticadas por

toujours prises à la majorité des votes présents, sauf les cas où les Statuts en exigeraient un plus grand nombre. Aucun actionnaire, quel que soit le nombre des ses actions, ne pourra représenter plus du dixième des votes conférés pour toutes les actions émises, ni plus des deux dixièmes des votes présents à l'Assemblée.

Les résolutions des Assemblées et Conseils d'Administration seront consignées sur un livre de procès-verbaux, avec les signatures du Président et du Secrétaire.

351. — Quand une Assemblée Générale régulièrement convoquée ne se tient pas, faute du nombre nécessaire d'actionnaires ou de représentants du capital, elle se reconvoquera avec 10 jours de préavis pour une nouvelle réunion qui se célébrera dans les 30 jours et dont les résolutions seront valides quel que soit le nombre d'actionnaires présents ou la quantité de capital représentée.

352. — Les actionnaires qui selon les Statuts n'auraient pas droit de vote dans les Assemblées Générales, ou les porteurs de bons ou obligations, pourront assister aux réunions et auront voix pour faire des propositions et discuter les affaires de l'ordre du jour, sauf disposition contraire des Statuts.

353. — Tout actionnaire a droit de protester contre les dispositions prises en opposition avec la loi ou les Statuts et pourra requérir du juge compétent la suspension de leur exécution et la déclaration de leur nullité. De telles délibérations provoquent une responsabilité illimitée des associés qui les ont acceptées expressément.

Les résolutions prises et les actes pratiqués par les

los directores contra las disposiciones de la ley, de los estatutos o de las asembleas generales no obligan a la sociedad quedando sus autores en ouento a sus efectos personal y solidariemente responsable salvo el caso de protesta conforme a lo dispuesto en este cadigo.

354. — Salvo disposicion contraria de los estatutos se requiere siempre la presencia de socios que representen lastres cuartas parte del capital y el voto favorable de socios presentes que representen la mitad del capital por la menos por resolver sobre lo siguemente,

1° Disolucion anticipado de la sociedad.
2° Prorroga de su duracion.
3° Fusion con otra sociedad.
4° Reduccion del capital social.
5° Reintegracion o aumento del mismo capital.
6° Cambio de objeto de la sociedad.
7° Coda otra modification del acto constitutivo.

Los socios disidentes en cuanto a las resoluciones de los numeros 3, 5 y 6 y la del numero 2 si la prorroga esta autorizada por les estatutos tienen derecho de separarse de la sociedad exigiendo el reembolso del valor de sus acciones en proporcion al capital social conforme al ultima balance aprobado de este derocho solo podran usar los disidentes presentes en la asemblea, dentro de las veinticuatro horas de la clausura de ella y los ausemtes entro de un mes de publicada la resolucion respectiva.

355. — Los socios pueden hacer representar en las assembleas par mandatarios, socios o extranos ; el ejercicio de este derecho puede limitarse en las estatutos.

Directeurs contre les dispositions de la loi, des Statuts ou des Assemblées, n'obligent pas la Société et laissent leurs auteurs, quant à leurs effets, personnellement et solidairement responsables, sauf le cas de protestation conforme à la disposition de ce code.

354. — Sauf disposition contraire des Statuts, la présence d'actionnaires représentant les 3/4 du capital, et le vote favorable d'actionnaires présents représentant au moins la moitié du capital, sont nécessaires pour résoudre les questions suivantes :

1° Dissolution anticipée de la Société.
2° Sa prorogation.
3° Sa fusion avec une autre Société.
4° Réduction du capital social.
5° Diminution ou augmentation du capital.
6° Changement d'objet de la Société.
7° Toute autre modification de l'acte constitutif.

Les associés dissidents quant aux résolutions des paragraphes 3, 5 et 6 et à celle du paragraphe 2, si la prorogation n'est pas autorisée par les Statuts, ont le droit de se séparer de la Société, exigeant le remboursement de la valeur de leurs actions en proportion du capital social conforme à la dernière balance approuvée. Seuls pourront user de ce droit les dissidents présents à l'Assemblée dans les 24 heures qui en suivent la clôture et les absents un mois après la publication.

355. — Les actionnaires peuvent se faire représenter dans les Assemblées par des mandataires, actionnaires ou étrangers ; l'exercice de ce droit peut se limiter dans les Statuts.

Los directores no pueden ser mandatorios.

356. — Los directores no pueden votar sobre la aprobacion de los balances, ni en la resolucione referentes a su responsabilidad.

357. — Las resoluciones de la asemblea generale conforme a la ley y a los estatutos son obligatorias para todos los socios ausentes o disidentes savo lo dispuesto en el articulo 354.

358. — Cuando una sociedad anonima tenga accionistas residentes en païs extranjero que representen por lo menos un veinticinco por ciento del capital suscrito tendran la facultad de reunirse por examinar las cuentas y memorias de los directorés y sindicos y nombrar uno o mas que los representen en la asemblea general ordinaria en la cual tendran tantos votos cuento por los estatutos pertenezcan a los accionistas reunidas.

En tal caso nombraran un presidente que reciba los respectivos ejemplares de los memorias y cuentas que debera remiterles la administracion central con la debida anticipation, los convoque a las conferencias y se coresponda con esta.

Estas disposiciones no parjudican el ejercicio individual de los derechos de los accionistas cuando no quieren proceder colectivamente conforme a este articulo.

359. — Salvo el caso del articulo anterior o de disposicion contraria de los estatutos los accionista residentes en païs extranjero son en todo equiparados a los residentes en la republica.

Les Administrateurs ne peuvent être mandataires.

356. — Les Administrateurs ne peuvent voter sur les approbations des balances ni dans les résolutions se référant à leur responsabilité.

357. — Les résolutions de l'Assemblée Générale conformes à la loi et aux Statuts sont obligatoires pour tous les actionnaires absents ou dissidents, sauf la disposition de l'article 354.

358. — Quand une Société anonyme a des actionnaires résidents dans un pays étranger et qui représentent au moins 25 p. 100 du capital souscrit, ils auront la faculté de se réunir pour examiner les comptes et mémoires des Administrateurs et syndics, et de nommer une ou plusieurs personnes pour les représenter à l'Assemblée Générale ordinaire dans laquelle ils auront autant de votes qu'il en appartient aux actionnaires réunis.

Dans ce cas, ils nommeront un Président qui recevra les exemplaires des mémoires et comptes que devra leur remettre l'administration centrale en temps voulu, qui les convoquera aux conférences et qui correspondra avec l'administration centrale.

Ces dispositions sont sans préjudice de l'exercice individuel des droits des actionnaires quand ils ne veulent pas procéder collectivement, conformément à cet article.

359. — Sauf le cas de l'article précédent ou de dispositions contraires des Statuts, les actionnaires résidant en pays étranger sont soumis aux mêmes règlements que ceux résidant dans la République.

SECCION VI

De las cuentas.

360. — Cado trimestre los directores deberan presentar a los sindicos un balanee de la sociedad y publicarlo por tres dias con el visto bueno de estos.

361. — Al fin de cada año, los directores presentaran a los sindicos un inventario y balance detallado del activo y passivo de la sociedad, la cuenta de ganancias y perdidas, y una memoria de la marcha y situacion de la sociedad con indicacion de las operaciones realizadas o en via de realizacion y la propuesta del dividendo y fondo de reserve en su caso.

362. — Los sindicos examinaren y formularan un dictamen escrito y firmado sobre dichos documentos despues de locual se pondran con la lista de accionistas que deben constituir la asemblea general à la libre inspeccion de todos los interesados. Al mismo tiempo se imprimaran estos documentos y se repartiran a los accionistas por lo menos diez dias antes del fijado para la asemblea general. Despues de aprobados par esta se publicaran en un diario del domicilio de la sociedad.

363. — De las utilidades realizadas y liquidas de la sociedad debera separarse un dos por ciento por lo menos para constituir un fundo de reserva hasta que alcance al minimum del diez por ciento del capital social. Este fondo debera reintegrarse siempre que se redujere por cualquier cosa.

SECTION VI

Des comptes.

360. — Chaque trimestre, les Administrateurs devront présenter aux syndics une balance de la Société et la publier pendant 3 jours, avec l'approbation de ceux-ci.

361. — A la fin de chaque année, les Administrateurs présenteront aux syndics un inventaire et une balance détaillés de l'actif et du passif de la Société, le compte de Profits et Pertes, et un mémoire de la marche et de la situation de la Société avec indication des opérations réalisées et en voie de réalisation, ainsi que la remise de dividende et fonds de réserve s'il y a lieu.

362. — Les syndics examineront et formuleront un avis écrit et signé sur ledit document, après quoi, il se mettra avec la liste des actionnaires qui doivent constituer l'Assemblée Générale, à la libre inspection de tous les intéressés. En même temps, ces documents s'imprimeront et se distribueront aux actionnaires au moins 10 jours avant celui fixé pour l'Assemblée Générale; après avoir été approuvés par celle-ci, ils se publieront dans un journal du domicile de la Société.

363. — Il devra être prélevé sur les bénéfices liquides et réalisés, 2 p. 100 au moins pour constituer un fonds de réserve, jusqu'à ce que ce fonds atteigne au minimum 10 p. 100 du capital social. Ce fonds devra être rétabli chaque fois qu'il se réduit pour une cause quelconque.

364. — Ninguna reparticien podra ser hecha a los accionistas bajo cualquier denominacion que sea, sino sobre los beneficios irrevocablemente realizados y liquidos comprobados en la forma determinada por este codigo y los estatutos de la sociedad.

Los administradores son personal y solidariemente responsables de toda distribucion hecha sin comprobacion e inventario previo de las ganancias realizadas o en mayor suma que la de estos o bajo inventario hecho con dolo o culpa grave.

SECTION VII

De la emission de obligaciones.

365. — Las sociedades anonimas pueden emitir bonos o obligaciones nominales o al portodor, hasta el monto del capital realizado y existente conforme al ultimo balance aprobada.

366. — No estando autorizada por los estatutos la emision de obligaciones solo podra hacerse por resolucion de la asemblea general.

367. — Si para la emision de obligaciones se hubiere de recurrir à la suscripcion publica, se indicaran en los programas todas las circunstancias sobre el estado de la sociedad y el objeto y condiciones de la emision que sean necesarias para el juicio exacto de los suscriptores.

364. — Aucune répartition ne pourra être faite aux actionnaires sous quelque dénomination que ce soit, sinon sur les bénéfices irrévocablement réalisés et liquides, prouvés en la forme déterminée par ce code et les Statuts de la Société.

Les administrateurs sont personnellement et solidairement responsables de tous dividendes attribués sans contrôle et sans inventaire précédent des bénéfices réalisés, ou de toutes distributions de sommes plus considérables que celles que donnent les bénéfices, ou distribués grâce à un inventaire frauduleux ou établi avec une faute grave.

SECTION VII

De l'émission des obligations.

365. — Les Sociétés anonymes peuvent émettre des bons ou obligations, nominatives ou au porteur, jusqu'au montant du capital réalisé et existant, conformément à la dernière balance approuvée.

366. — N'étant pas autorisée par les Statuts, l'émission des obligations pourra se faire seulement par résolution de l'Assemblée Générale.

367. — Si pour l'émission d'obligations, il y a lieu de recourir à la souscription publique, on indiquera dans les programmes tous les détails sur l'état de la Société et l'objet et les conditions de l'émission qui sont nécessaires pour que les souscripteurs puissent apprécier exactement.

368. — Lassociedades que emitieren obligaciones conforme a los articulos anteriores deberan publicar mensualmente un balance de su activo y passivo.

SECTION VIII

De la dissolucion

369. — Luego que losdirectores o administradores se cercioren de que el capital social a sufrido una perdida de cincuenta por ciento tienen obligacion de déclararlonte el tribunal de comercio respectivo, publicando su declaracion en los diarios de la localidad.

Si la perdida es de setenta y cinco por ciento, la sociedad se considerara disuelta ipso jure y los directores seran responsablespersonal y solidariemente hacia los terceros de todas las obligaciones que hayan contraïdo despues que la existencia de ese deficit haya llegado o debido llegar a su noticia.

370. — Las sociedades anonimas solo pueden disolverse :

1° Por la espiracion del termino de su duracion o por haberse acabada la empressa que fue objeto especial de sa formacion.

2° Por quiebra.

3° Por liquidacion conforme a la dispuesto en el articulo anterior.

4° Por la demostracion de que la compañia no puede llenar al fin para que fue creada.

Esto ultimo resultara o de la resolucion de la mayoria de los socios en asemblea general o de la

368. — Les Sociétés qui émettent des obligations conformément aux articles précédents doivent publier mensuellement une balance de leur actif et de leur passif.

SECTION VIII

De la dissolution.

369. — Après que les Directeurs ou Administrateurs sont assurés que le capital social a subi une perte de 50 p. 100, ils ont l'obligation de le déclarer devant le tribunal de commerce respectif, publiant leur déclaration dans les journaux de la Société.

Si la perte est de 75 p. 100, la Société se considérera comme dissoute *ipso jure* et les administrateurs seront responsables personnellement et solidairement envers les tiers de toutes les obligations qu'ils ont contractées depuis que l'existence de ce déficit est arrivée ou aurait dû arriver à leur connaissance.

370. — Les Sociétés anonymes peuvent seulement se dissoudre :

1° Par l'expiration du terme de leur durée ou pour avoir terminé l'affaire qui fut l'objet spécial de leur formation.

2° Par faillite.

3° Par liquidation conforme à la disposition de l'article précédent.

4° Par la démonstration de ce que la Société ne peut remplir les fins pour lesquelles elle a été fondée.

Ce dernier paragraphe résultera de la résolution de la majorité des actionnaires réunis en Assemblée

declaracion que haga el poder ejecutivo al retirar la autorizacion a que se refiere el articulo 318.

371. — Disueltala sociedad sera liquidada por los directores o administradores si no se dispone otra cosa por los estatutos.

Générale ou de la déclaration que fait le pouvoir exécutif en retirant l'autorisation à laquelle l'article 318 se refère.

371. — Dissoute, la Société sera liquidée par les Directeurs ou Administrateurs si les Statuts ne contiennent pas de dispositions contraires.

TABLE DES MATIÈRES

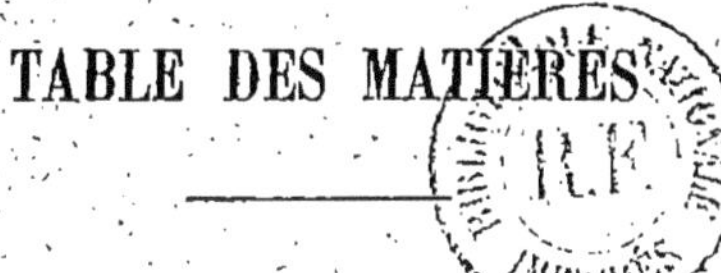

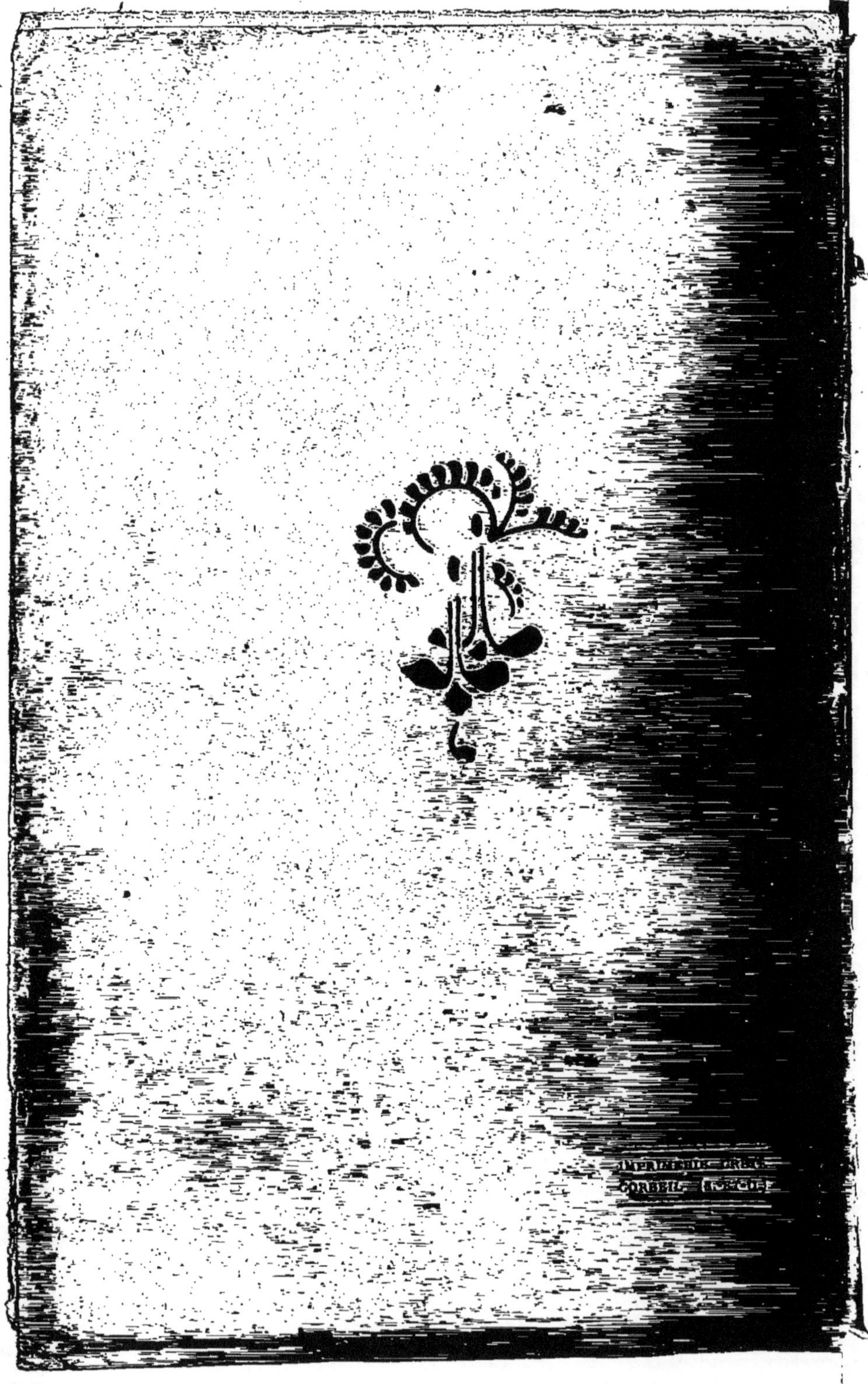
CORBEIL

www.ingramcontent.com/pod-product-compliance
Ingram Content Group UK Ltd.
Pitfield, Milton Keynes, MK11 3LW, UK
UKHW012158240726
13966UKWH00002B/427